तीन सौ रामायण?

तीन सौ रामायण?

तीन सौ रामायण : पाँच उदाहरण और अनुवाद
पर तीन विचार

ए. के. रामानुजन

अनुवाद

धवल जायसवाल

सम्पादन और पूर्वकथन

अपूर्वानंद

वाणी प्रकाशन

वाणी प्रकाशन

4695, 21-ए, दरियागंज, नयी दिल्ली 110 002

शाखा

अशोक राजपथ, पटना 800 004

फ़ोन: +91 11 23273167 फ़ैक्स: +91 11 23275710

www.vaniprakashan.in
vaniprakashan@gmail.com

TEEN SAU RAMAYAN?
by A. K. Ramanujan
Translated by Dhawal Jaiswal
Foreword by Apoorvanand

ISBN : 978-93-5072-172-8
Criticism/History

प्रथम संस्करण
मूल्य : ₹ 125

ओम ऑफ़सेट, दिल्ली-110093 में मुद्रित

वाणी प्रकाशन का लोगो मक़बूल फ़िदा हुसेन की कूची से

अनुक्रम

पूर्वकथन

शरद के आगमन के साथ ही बंगाल के हिन्दू समाज में उत्सुकता भरी प्रतीक्षा की सुगन्ध फैलने लगती है। यह बेटी के घर, मायके आने का समय है। बेटी और कोई नहीं, स्वयं हैं दुर्गा, भगवती, पार्वती। मेना और हिमालय की पुत्री। अब वे शिवानी हैं। शिव का वरण करने के बाद माँ का घर छोड़ कैलाश पर निवास करने लगी हैं।

माँ साल भर आस देखती है– बेटी कब घर आएगी। दुलारी धिया के विवाह का मेना स्मरण करती हैं। उस अजब बारात की याद आती है जिसमें शिव अपने गणों के साथ मेना और हिमालय के द्वार पहुँचे थे। उस विचित्र वर को देख वे बेहोश ही तो हो गई थीं। अफसोस करती हैं कि बेटी ने भी कैसा दूल्हा खोजा। भाँग-धतूरा खाकर धुत्त रहता है। कमाई-धमाई कुछ है नहीं। संगी-संघाती भी कैसे-कैसे। बेटी बेचारी को झाड़ू वगैरह खुद ही देना होता है।

पुत्री की राह देखते हुए मेना गाती हैं। और गाता है पूरा समाज। ये आगमनी के गीत हैं जो पूरे बंगाल में गूँजते हैं और मिथिला में भी। आज के बांगलादेश में भी। फिर दुर्गा घर आती हैं, चार दिन ठहरती हैं कि विदा का समय आ जाता है। माँ फिर रोती हैं और उनके साथ पूरा पास-पड़ोस रोता है। इस पड़ोस का विस्तार मिथिला प्रदेश से लेकर बंगाल तक है। फिर जहाँ-जहाँ मैथिल और बंगाली गए, वह वहाँ तक फैल गया। दुर्गा पूजा के पंडालों में नवमी

के दिन कन्या के विदा हो जाने के निश्चय के कारण झर-झर रोते हुए भक्तों को देखा है आपने? इतनी जल्दी बेटी वापस चली जाएगी, सोच-सोचकर उनका कलेजा फटा जाता है। विलाप करनेवालों में स्त्रियाँ ही नहीं होती हैं। मर्द भी बिलख-बिलख कर रोते हैं और दशमी को कलेजे पर पत्थर रखकर अपनी बेटी को विदा करते हैं।

दुनियादारी से बेपरवाह, परम दरिद्र शिव के पास बेटी लौट जाती है। माँ-बाप को अगर कोई सुख है तो यह कि उनका दामाद बेटी को चाहता बहुत है।

परम प्रेमी हैं शिव। उस प्रेम की उत्कटता की व्याप्ति ब्रह्मांडभर में है। पार्वती को अपने पूर्वरूप सती की याद थी, तभी तो उस पगले, नशेड़ी को फिर से खोज लिया। क्या आपको शिव के उस उन्मादी, ब्रह्मांडीय चक्कर की याद है जो पिता दक्ष की यज्ञवेदी में कूद कर जल मरी मानिनी सती के शव को कन्धे पर लादे-लादे वे जाने कब से कब तक लगाते रहे? शिव को इस उद्भ्रान्ति से निकालने के लिए अन्ततः विष्णु को अपने चक्र से सती के शव का एक-एक अंग काटना पड़ा। जब वह देह नहीं रही, शिव होश में आए। सती का हृदय कहीं गिरा, आँख कहीं गिरी। प्रिया का यह बिछोह तो फिर उसके जन्म के साथ, उसे पाकर ही समाप्त हो सकता है। इसलिए गरीब-कंगाल भले ही हों, शिव और पार्वती की माता उनकी फटेहाली को चाहे जितना कोसती हों, उन्हें यह पता है कि जमाई बेटी का खयाल रखता है और वह पति के साथ खुश है।

पति शिव जैसा हो, या यह कहने का रिवाज भी है कि क्या तुम्हें तुम्हारा शिव मिल गया। लेकिन मिथिला हो या कोई और देश, पति राम- जैसा मिले, यह आशीर्वाद शायद ही कोई दे। अवध की दिशा में बेटी के वर का घर होने के विचार मात्र से हृदय विद्रोह कर उठता है। और तो और, चूँकि सीता का विवाह अगहन में हुआ और वे इतने बड़े दुर्भाग्य का शिकार हुईं, कोई नहीं चाहता कि उसकी कन्या का विवाह अगहन में हो। सीता के दुख-सा दुख किसी बेटी

को न हो, यह प्रत्येक स्त्री मनाती है। राम जमाई ठहरे, इसलिए मुँह पर कुछ कहा नहीं जाता लेकिन उन्होंने बेटी के साथ जो किया, उसके लिए उन्हें कोई क्षमा नहीं है।

राम ने सीता के साथ जो किया उसका औचित्य रामकथा के अध्येताओं ने अनेक प्रकार से स्थापित करने का प्रयास किया है। लेकिन स्त्रियाँ, वे आदिवासी हों या मराठी, मलयाली हों या तेलुगू, बंगाली हों या मैथिल, सबकी सब राम को सीता का अपराधी मानती हैं। नवनीता देव सेन ने आन्ध्र प्रदेश, मिथिला देश, बंगाल, बांग्लादेश, छोटानागपुर और महाराष्ट्र में व्याप्त स्त्री लोककाव्य का अध्ययन करके पाया कि सीता इन सारे प्रदेशों की स्त्रियों के लिए 'जनम दुःखिनी' हैं। उस चिरदुखी स्त्री से वे अपनापा महसूस करती हैं। नवनीता देव सेन से कोई तीन दशक पहले श्रीकृष्ण दास ने अवध के लोकगीतों का अध्ययन करते हुए यह पाया कि अवधी में रची 'रामचरितमानस' की रामकथा उन गीतों में ज्यों की त्यों नहीं है। राम की मर्यादा पुरुषोत्तम की छवि को लेकर उन लोक गायकों में कोई व्यग्रता नहीं है।

आप जो यह पढ़ रहे हैं, इसका दावा किसी स्वतन्त्र निबन्ध का नहीं है। यह मात्र पूर्वकथन है। उद्देश्य है आप सुधीजन का ध्यान कवि, अनुवादक, लोकवार्ताकार और अध्यापक ए.के. रामानुजन के निबन्ध पर केन्द्रित करना। वह निबन्ध क्या मात्र रामकथा का कथन है? वह तो वह है ही, जैसा उसे पढ़ते हुए आप अनुभव करेंगे। लेकिन उससे आगे वह खुद पढ़ने की भी कथा है। अपने इस 'आधुनिक' या 'उत्तर आधुनिक' रामय के बारे में हमें मालूम है कि पढ़ना उतनी निर्दोष क्रिया नहीं रह गई है। स्वायत्त तो कतई नहीं।

रचना और पाठक के बीच कुछ मध्यस्थ सक्रिय हो जाते हैं जो पाठक के लिए उस रचना का एक पाठ पहले से गढ़ देते हैं। फिर पूरी रचना को उसमें वे शेष कर देना चाहते हैं। आजकल वह पाठ पर्चों, पोस्टरों, नारों, जुलूस, टेलिविज़न के माध्यम से इतना मुखर

बना दिया जाता है कि उसके इस आक्रमण के आगे रचना स्तम्भित रह जाती है। रचना अपने स्वभाव में ही अकेली होती है। लेखक उसे उसके अपने एकान्त में रचता है। यह एकान्त भी कोई दिया हुआ नहीं है। लेखक के द्वारा उस रचना के लिए उपलब्ध किया जाता है या गढ़ा जाता है। लेखक के चारों ओर जो शोर बरपा है, विभिन्न प्रकार के दार्शनिक-राजनीतिक मताग्रहों का; इनमें धार्मिक या उससे बेहतर शब्द शायद धर्म-राजनीतिक हो, आग्रहों को भी जोड़ लेना चाहिए; उस शोर के बीच लेखक एकान्त का एक कठोर कवच तैयार करता है जो ध्वनिरोधी हो, जो उसकी रचना के जन्म के लिए अवकाश पैदा कर सके। हर सच्चे लेखक को मालूम है कि जितना संघर्ष उसे रचने-भर के लिए करना होता है, लगभग उतना ही, अगर उससे अधिक नहीं तो, इस एकान्त के लिए भी करना होता है। एकान्त का अर्थ उदासीनता कतई नहीं है। उसमें उन विचारधाराओं और दार्शनिक, धार्मिक, राजनीतिक, सामुदायिक आग्रहों को लेकर पर्याप्त संवेदनशीलता है जिनकी अपेक्षा वह अपनी प्रतिरोधी क्षमता विकसित कर रहा है।

लेखक जो कुछ नया लिखते समय एक तरह की गोपनीयता बरतता है, वह क्या इसी कारण? क्या ऐसा वह इसलिए करता है कि हर नए जन्म को लेकर जो उत्सुकता चारों तरफ दिखलाई देती है, उसमें एक विकृत जिज्ञासा छिपी हुई होती है— वह नवजीवन जो है, उसे पुष्ट करता है या नहीं? जो अनागत है, वह अक्सर आशंका का स्रोत होता है। विशेषकर सत्ता या सत्ताओं के लिए। क्या इसीलिए ऐसी कथाएँ प्रचलित हैं जिनमें किसी आततायी को बताया जाता है कि उसका विनाश फलाँ जगह, फलाँ स्थिति में पैदा होनेवाला करेगा और फिर वह हर नए जन्म से डर जाता है? कृष्ण के जन्म के पहले देवकी की संतानों की कंस की आशंका के कारण हुई हत्याओं की कथा का संकेतार्थ क्या यही है? हर नए सृजन में इस बात की सम्भावना छिपी रहती है कि वह पहले के सन्तुलन को गड़बड़ा दे, उसमें विचलन पैदा करके।

हर नई रचना में उसके सृजन के क्षण की सचेतनता होती है, उस ब्रह्मांड की जिससे वह घिरी हुई है और जिसकी नजरों से अभी वह ओट है। उस रचना की ध्वंसात्मकता का अन्दाज होते ही वर्तमान उसे नष्ट करने के उपाय करने लगता है। लेकिन दिलचस्प यह है कि वह ऐसे जितने उपाय करता है, उन सबसे रचना को और भी जीवन प्राप्त होता है। फिर हर नई रचना, मनुष्यों की तरह ही, कभी गुरिल्ला तरीकों से और कभी खुली गोलबन्दी के जरिए समानधर्मा कृतियों के मित्र संसार का निर्माण करती है। इन सभी कृतियों में सामान्य गुण यह है कि इन सबने अपने समय की सत्ता की सुरक्षा को चुनौती दी थी। यह चुनौती जगत और जीवन को देखने के लिए एक नए बिन्दु या कोण के प्रस्ताव से दी जाती है। कई बार ऐसी कृतियाँ भाषा के नितान्त नए व्यवहार की सम्भावना प्रस्तुत करती हैं। वे प्रचलित प्रतीकों, अर्थ संकेतों, मुहावरों के सुरक्षा के घेरे को वेध्य बना देती हैं। इस तरह वे हमें असुरक्षित कर देती हैं। इससे चिढ़ होती है। हम, जो सत्ताओं द्वारा अनुकूलित कर लिए गए होते हैं, इन कृतियों के विरुद्ध आक्रामक हो उठते हैं।

मनुष्य की एक परिभाषा यह भी है कि वह अर्थ निर्माण करनेवाला प्राणी है। एक तरह से सम्पूर्ण सृष्टि उसके लिए संकेतों का संजाल है जिनके बीच वह मायने पैदा करता चलता है। किसी भी व्यक्ति, समुदाय या समाज के जीवन का मूल्य क्या है, यह अर्थग्रहण की उसकी प्रक्रिया को देखकर हम समझ सकते हैं। जिसे अमूमन 'प्रगति' कहा जाता है, उसके लिए 'परिष्कार' या 'समृद्धि' जैसे पदों का प्रस्ताव किया जा सकता है। इसकी माप इससे की जा सकती है कि निरन्तर और उत्तरोत्तर नए अर्थों का सृजन हो पा रहा है या नहीं। दिलचस्प यह है कि अर्थनिर्माण के लिए अनेक बार अतीत हमें संसाधन और उपकरण मुहैया कराता है।

'ज़रा अतीत को मुड़कर देखें, वही शायद प्रगति हो।' रोला बार्थ द्वारा उद्धृत वर्दी (VERDI) का यह वाक्य ए.के. रामानुजन के निबन्ध

पर चल रही बहस में सहारे सा लगता है। हम कहना चाहते हैं कि रामानुजन रामकथाओं को लेकर कोई 'नई' बात तो कह नहीं रहे। यानी हम सबको रामायणों की विविधताओं में रहने का सांस्कृतिक अभ्यास रहा है। इन विविधताओं को पहचानने और समझने का, एक रामायण के संसार के निवासी होते हुए भी दूसरी रामायणों के संसारों का निषेध करने का रिवाज कभी नहीं रहा है। यह भी कहा जा सकता है, जैसा रामायणों के अध्येताओं ने अक्सर कहा है कि रामायण कोई कथा नहीं है, एक भाषा है जिसमें अलग-अलग पीढ़ियाँ, अलग-अलग समुदाय अपनी-अपनी कथा कहते हैं। वाल्मीकि की 'रामायण' वह नहीं है जो 'दशरथ जातक' है और दोनों ही विमलसूरि के 'पउमचरिउ' से भिन्न हैं। इनमें कौन पहले रची गई और कौन बाद में, यह भाषा, साहित्य और संस्कृति के इतिहासकारों और विशेषज्ञों की दिलचस्पी का विषय रहा है और जब से रामकथा गाए या पढ़े जाने के अलावा अध्ययन का भी विषय बन गई, तब से इस पर बहस चल रही है जो सौभाग्य से अब तक किसी अन्तिम निष्कर्ष पर नहीं पहुँची है।

आदित्य निगम ने हमारे शोधार्थियों से वार्तालाप के क्रम में रचना के साथ व्यवहार का प्रश्न उठाया। अगर इस पर विचार करें कि वाल्मीकि की रामायण का काल क्या था तो किसी निश्चित काल खंड का नाम लेना कठिन होगा। फिर यह कुछ शताब्दियों तक फैली हुई कालावधि है जिसका अनुमान भर किया जा सकता है। यहाँ यह अनिश्चितता इस कारण भी है कि रचना किसी कालरोधी स्थिर माध्यम पर अंकित नहीं की जा रही थी, श्रुति और स्मृति ही उसके संरक्षण और संवहन के माध्यम थे। इस कारण प्रत्येक रचना में संक्रमणशीलता का तत्त्व अनिवार्यतः था। वह एक से दूसरे में संक्रमण कर सकती थी। यह रचनाकार का और भाषा का भी काल के साथ एक ऐसा सम्बन्ध है जिसे कालातीत नहीं कहा जा सकता। अपने काल को लाँघ जाने की क्षमता इन रचनाकारों ने हासिल कर ली क्योंकि उन्होंने रचनाओं को अपने स्मारकों के रूप में स्थिर नहीं किया। आदित्य ने पूछा कि

क्या इसका सम्बन्ध उस प्रथा से भी है जिसमें मृत्यु के बाद देह का कोई स्मारक नहीं बनाते, उसे पुनः पंचतत्त्वों के सुपुर्द कर देते हैं। इस तरह जो ठोस रहा था, अनुमान का विषय बन जाता है। अनुमान करने की प्रक्रिया में अनिश्चितता तो है ही, किसी अर्थ तक पहुँचने की आशा भी है। किसी को सिर्फ प्राप्त कर लेने की जगह सप्रयास उपलब्ध करने का श्रम-सुख भी है। यह एक दूसरे तरीके से रचना की प्रक्रिया भी है।

शिष्ट समाज को अनिश्चयात्मकता से हमेशा घबराहट होती है। किसी एक घटना, व्यक्ति, चरित्र को निश्चित मूर्तता देकर ही उसके प्रति ठोस रवैया तय किया जा सकता है। लेकिन लोक समाज को इसमें कभी उलझन नहीं होती। उसके लिए देव-चरित्र अगर भक्ति-श्रद्धा और पूजा के पात्र हैं तो उलाहने, आलोचना और गाली के भी। वह किसी एक 'पाठ' का चुनाव करके सन्तुष्ट नहीं हो जाता। मिथिला की स्त्रियाँ सीता-गाथा गाती हैं लेकिन रामचरितमानस सुनने और पढ़ने से उन्हें परहेज नहीं है।

वाल्मीकि की रामायण को सर्वोपरि, बल्कि एकमात्र आधिकारिक स्रोत मानकर अन्य रामकथाओं को उसके 'विकृत' पाठों के रूप में पढ़ने से समस्या पैदा हो सकती है। एक तो इस कारण कि वाल्मीकि का काल निर्धारण सरल नहीं रहा है। दूसरे, जैसा विद्वानों ने शोध के ज़रिए बताया है कि वाल्मीकि के पहले ऐसी कथाओं का प्रचलन था जिनमें राम, लक्ष्मण, सीता, दशरथ, कौशल्या, आदि चरित्र थे। 1916 में कलकत्ता विश्वविद्यालय में रायसाहब दिनेशचंद्र सेन ने रामतनु लाहिड़ी रिसर्च फेलो के रूप में कुछ व्याख्यान दिए जिन्हें 1920 में कलकत्ता विश्वविद्यालय ने 'द बंगाली रामायणाज़' नामक पुस्तक की शक्ल में छापा। रामानुजन के निबन्ध और इस पुस्तक की प्रकृति में अन्तर है लेकिन दोनों लेखकों की मनोभूमि में बहुत नहीं।

दिनेशचन्द्र सेन अपनी पुस्तक की भूमिका में लिखते हैं कि "अभी भी यह विवाद बना हुआ है और यह सन्दिग्ध है कि भविष्य में इसका कोई सर्वमान्य समाधान पाया जा सकेगा कि वाल्मीकि का

महाकाव्य पहले रचा गया या जातक कथाएँ।" वे इस निष्कर्ष पर पहुँचते हैं कि जातक कथाएँ पहले रची गई थीं। उनका तर्क समझ में आनेवाला है। वे कहते हैं कि वाल्मीकि की रामायण में एक भव्य जटिलता है जबकि 'दशरथ जातक' जैसी कथा अपेक्षाकृत सरल संरचना वाली है। हनुमान जैसे चरित्र की स्वतन्त्रता को लेकर भी वे तर्क प्रस्तुत करते हैं और बताते हैं कि लगभग प्रत्येक संस्कृति में वानर देव की उपासना की परम्परा रही थी जो वैष्णव, शैव, शाक्त या बौद्ध मतों से कहीं पुरानी थी। हनुमान पहले से जनमानस में प्रतिष्ठित थे, इसलिए प्रत्येक सम्प्रदाय ने उन्हें अपना बनाने का प्रयत्न किया। उसी प्रकार रावण का चरित्र भी है। सेन साहब यह बताते हैं कि 'दशरथ जातक' में तो रावण है ही नहीं और सीता के अपहरण जैसी कोई घटना भी नहीं है। यहाँ तक कि राम का वनवास उत्तर में ही होता है, हिमालय में। दक्षिण प्रदेशों में प्रचलित कथाओं में रावण का चरित्र अत्यन्त ही उदात्त और प्रखर था। सेन साहब कहते हैं कि वाल्मीकि ने इन सभी कथाओं को गूँधकर अपनी 'रामायण' का भव्य प्रासाद खड़ा किया। उनका तर्क है कि इसकी सम्भावना कम मालूम पड़ती है कि इस भव्य प्रासाद को तोड़कर 'दशरथ जातक' जैसी निर्मिति की गई हो। सरलता बनाम जटिलता का उनका तर्क खारिज कर देने योग्य नहीं है। उसे समझने के लिए 'दशरथ जातक' की कथा को संक्षेप में जान लेना उपयोगी होगा।

'दशरथ जातक' में राम, लक्ष्मण और सीता दशरथ के पुत्र-पुत्री हैं। दशरथ बनारस के राजा हैं और उनके सोलह हजार पत्नियाँ हैं। पटरानी की मृत्यु के बाद यह पद दूसरी रानी को दिया जाता है। इस रानी से प्रेम के कारण दशरथ उसे वरदान देते हैं जिसका वह तुरन्त उपयोग नहीं करती। अपने पुत्र भरत के छह वर्ष के हो जाने पर वह दशरथ को वरदान की याद दिलाकर भरत को राजगद्दी देने की माँग करती है। ज्येष्ठ पुत्र राम के होते हुए

भरत के लिए इस प्रकार की माँग पर दशरथ क्रुद्ध हो उठते हैं। रानी उनके क्रोध के कारण चुप हो जाती है लेकिन कुछ समय बाद फिर अपनी माँग दोहराती है। इस बार दशरथ सोच में पड़ जाते हैं कि रानी अभी अपनी स्थिति का उपयोग करके राम को हानि पहुँचा सकती है। इसलिए वे राम को बुलाकर बनारस छोड़ देने को कहते हैं और अपनी मृत्यु के बाद लौटने का निर्देश देते हैं। ज्योतिषियों ने बताया है कि वे और बारह वर्ष जीवित रहेंगे। इसलिए राम को बारह वर्ष बाद लौटना है। राम के साथ लक्ष्मण और सीता भी निकल जाते हैं। दशरथ की मृत्यु नौ वर्ष में ही हो जाती है। जब रानी भरत के राज्याभिषेक की बात कहती है तो मंत्री इस पर प्रथा का उल्लेख कर आपत्ति करते हैं। भरत उनसे सहमत होकर राम को वापस लाने के लिए वन में जाते हैं। राम लक्ष्मण और सीता को वापस भेज देते हैं और भरत को अपनी पादुका प्रतीकस्वरूप देते हैं जिन्हें सामने रखकर वे उनके नाम पर राजकाज चलाएँगे। बारह वर्ष बीत जाने पर राम बनारस लौट आते हैं और उनका राज्याभिषेक होता है। सीता सम्राज्ञी के पद पर प्रतिष्ठित की जाती हैं।

दिनेशचन्द्र सेन 'दशरथ जातक' की सरल रैखिकता की चर्चा करने के अलावा कुछ और बिन्दुओं पर विचार करते हैं। इस कथा में राम अपने पिता की आज्ञा का पालन करते हैं लेकिन यह प्रमुखतः आत्मरक्षार्थ है। स्पष्टतः इस कथा के राम में उदात्तता नहीं है। यह प्रायः नाटकीय घटनाओं से खाली है, मसलन, सीता के अपहरण आदि की कोई घटना इसमें नहीं है। इस कथा में रावण भी नहीं है। अगर इसकी तुलना वाल्मीकि की 'रामायण' से करें तो वाल्मीकि की काव्य-प्रतिभा का लोहा मानना पड़ता है। उन्होंने अत्यन्त ही जटिल वितान की रचना की जिसमें मानवीय भावों का नाट्य प्रस्तुत किया गया है। वे इस प्रश्न पर भी विचार करते हैं कि इस कथा में राम और सीता का विवाह कैसे हो जाता है। वे अपने व्याख्यान के श्रोताओं का ध्यान प्राचीनकाल में मिस्र और बेबीलोनिया में एक ही परिवार में होने वाले विवाह की प्रथा

की ओर दिलाते हैं। भारतवर्ष में भी शाक्यों में रक्त शुद्धता के अतिरेकी आग्रह के कारण एक परिवार में विवाह मान्य था। सेन साहब कहते हैं कि इस वजह से 'दशरथ जातक' में राम और सीता को पति-पत्नी के रूप में दिखाना असंगत नहीं। लेकिन वे यह भी कहते हैं कि हिन्दुओं में इस रूप में इस कथा की स्वीकार्यता कठिन थी। क्या इसीलिए वाल्मीकि ने सीता के जन्म की बिल्कुल नई कल्पना की? राम और सीता पति-पत्नी तो बने रहते हैं, लेकिन सीता का जन्म रहस्य के आवरण में है।

सीता का जन्म वाल्मीकि के लिए ही नहीं, अन्य सभी रामकथाकारों के लिए समस्या बना रहा। सीता जन्म की कथा सभी रामकथाओं में एक सी नहीं है। मलाया विश्वविद्यालय के एस. सिंगारवेलु ने सीता के जन्म की कथाओं पर अपने शोध-आलेख में बताया है कि मात्र महाभारत के 'रामोपाख्यान' और विमलसूरि के 'पउमचरिउ' में सीता जनक की वास्तविक पुत्री हैं। सम्भवतः इसका आधार 'आदिरामायण' है या वाल्मीकि का प्रामाणिक संस्करण जैसा फादर कामिल बुल्के ने रामायणों पर अपने शोध में संकेत किया है।

वाल्मीकि के संस्कृत महाकाव्य और कम्ब के तमिल काव्य में संतानप्राप्ति के लिए एक अनुष्ठान के अन्तर्गत भूमि पर हल चलाते समय जनक को सीता प्राप्त होती है। इसी का एक और रूप क्षेमेंद्र की 'रामायण मंजरी' में मिलता है जिसमें जनक को आकाशवाणी होती है और फिर वे अप्सरा मेनका को देखकर संतानप्राप्ति की कामना व्यक्त करते है और फिर हल चलाते हुए उन्हें सीता प्राप्त होती हैं। उसी आकाशवाणी में उन्हें बताया जाता है कि यह दैवी कन्या मेनकाजाया है।

संघदास के जैनग्रन्थ 'वसुदेव हिन्दी' में सीता के जन्म की कथा इस प्रकार है– विद्याधर माया जब अपनी पुत्री मन्दोदरी को विवाह में रावण को देने को प्रस्तुत होता है, ज्योतिषी भविष्यवाणी करते हैं कि इस विवाह के कारण उत्पन्न पहली सन्तान रावण के

वंश का विनाश कर देगी। फिर भी मन्दोदरी पर मोहित रावण यह विवाह इस शर्त पर करता है कि पहली सन्तान त्याग दी जाएगी। जब मन्दोदरी एक कन्या को जन्म देती है तो रावण उसे एक पात्र में बन्द कर सुदूर प्रदेश में जाकर गाड़ आता है जो संयोगवश जनक के राज्य में है। बाद में जनक को यह कन्या मिलती है जिसे वे अपनी पुत्री के रूप में पालते हैं।

गुणभद्र के 'उत्तरपुराण' की कथा के अनुसार रावण अलकापुरी के राजा अमिताभवेग की कन्या मणिवती की तपस्या में विघ्न डालता है और वह प्रतिज्ञा करती है कि वह रावण की कन्या के रूप में जन्म लेकर उससे प्रतिशोध लेगी। बाद में मन्दोदरी की कन्या के रूप में वह जन्म लेती है। ज्योतिषी उसे रावण के लिए अशुभ बताते हैं। कन्या को एक पात्र में बन्दकर मारीच मिथिला प्रदेश में जाकर उसे गाड़ आता है। वहाँ वह किसानों को मिलती है जिसे वे अपने राजा जनक को दे देते हैं।

सीता जन्म की लगभग ऐसी ही कथाएँ तिब्बती रामायण, चीनी तुर्किस्तान की खोटानी रामायण या संस्कृत में 'दशावतार चरित' में मिलती हैं। 'अद्‌भुत रामायण' में कुछ अन्तर है। इसमें एक आमोद सभा में देवी लक्ष्मी के अनुचरों के आचरण से कुपित होकर नारद उन्हें शाप देते हैं कि वे राक्षसी की कन्या के रूप में जन्म लेंगी। इस बीच दंडकारण्य में अपनी पत्नी की सन्तानेच्छा की पूर्ति के लिए ग्रस्तमद नामक ऋषि एक पात्र में प्रतिदिन कुश से दुग्ध अर्पण कर रहा है ताकि एक दिन उसमें देवी लक्ष्मी अवतरित हों। इसी समय रावण दंडकारण्य पहुँचता है और सारे ऋषियों पर अपना आधिपत्य सिद्ध करने के लिए अपने बाण की नोक से उन सबका थोड़ा-थोड़ा रक्त निकालकर उसी पात्र में जमा करता है जिसमें ग्रस्तमद दुग्ध अर्पण कर रहा था। ऋषियों के रक्त से भरा वह पात्र वह लंका लौटकर मन्दोदरी को सावधानी से रखने को देता है। साथ ही वह चेतावनी भी देता है कि पात्र का द्रव

अत्यन्त विषैला है और वह न तो स्वयं उसे चखे, न किसी को उसे चखने दे। साम्राज्य विस्तार के लिए दूसरे अभियान पर निकलने पर मन्दोदरी को शक होता है कि रावण उसके प्रति निष्ठावान नहीं है और वह प्राणान्त का निश्चय कर पात्र में रखा द्रव पी लेती है। लेकिन मरने की जगह वह गर्भवती हो जाती है। नारद के शाप के अनुसार यह लक्ष्मी का राक्षसी की पुत्री के रूप में जन्म होनेवाला है। लेकिन रावण की अनुपस्थिति में गर्भवती हो जाने पर उठनेवाले लोकापवाद की आशंका से घबराकर मन्दोदरी तीर्थ यात्रा के बहाने कुरुक्षेत्र जाकर अपने गर्भ के भ्रूण को जमीन में गाड़कर लौट आती है।

सिंगारवेलु ने अपने अध्ययन के लिए सत्रह रामकथाओं को आधार बनाया है। इनमें आदिवासी रामकथाएँ शामिल नहीं हैं। हम उनकी चर्चा बाद में करेंगे। अभी सीता जन्म को लेकर सिंगारवेलु के अध्ययन के निष्कर्षों को देखें : (1) बारह रामकथाओं में सीता या तो किसी देवी (विष्णुभार्या लक्ष्मी, शिव की पत्नी उमा या इन्द्राणी) की अवतार हैं या तपस्वी कन्या हैं जो रावण के किसी अपकर्म से क्रुद्ध हो, उससे प्रतिशोध लेने के लिए मृत्युलोक में अवतरित होती हैं। (2) वाल्मीकि रामायण और कम्ब रामायण की तरह ही अन्य 'हिन्दू रूपान्तरों' में सीता का जन्म चामत्कारिक रूप से पृथ्वी से होता है। (3) विमलसूरि के 'पउमचरिउ' और महाभारत के 'रामोपाख्यान' में सीता जनक की पुत्री हैं। (4) अधिकतर रामकथाओं में सीता रावण और उसकी पत्नी की कन्या है जिसे ज्योतिषियों द्वारा अशुभ बताए जाने के चलते उन्हें त्याग देना पड़ता है। (5) अगर इन निष्कर्षों पर विचार करें तो रावण एक ट्रैजिक चरित्र के रूप में उभरता है जिसे अपनी नियति का ज्ञान था। वह मात्र खलनायक नहीं रह जाता जैसा 'रामचरितमानस' के बाद उसे मान लिया गया।

विजय बरुआ राजखोवा ने उत्तरपूर्व में प्रचलित रामकथाओं का अध्ययन करते हुए करबी (मिकिर) समुदाय की लोककथा का संक्षिप्त

पुनःकथन किया है– हेंफु और मुकरंग देवों ने संसार की सृष्टि का विचार किया। जिसमें पिथे (महा माता) और पाथा (महा पिता) ने उनकी मदद की। पहली उत्पत्ति एक आरलोंग (पुरुष) के रूप में हुई जिसका नाम बामोंपो था। पिथे और पाथा ने उसके लिए दो पत्नियाँ बनाईं। एक मिकिर (करबी) और दूसरी असमी। लम्बे समय तक निःसन्तान रहने के बाद असमी पत्नी ने बामोंपो को अपने भाई के पास भेजा जिसने उसे दो नारंगियाँ दीं। लौटते समय रास्ते में जब वह एक नदी में स्नान कर रहा था, एक कौवा उनमें से एक नारंगी ले उड़ा। वह घर लौटा और बची नारंगी अपनी असमी पत्नी को दी जिसने उसे खा लिया। मिकिर पत्नी ने सिर्फ छिलके का एक टुकड़ा खाया। बाद में उसे एक पुत्र हुआ जो शक्तिशाली और वीर था। यह राम था। वह किसी भी दानव से लड़ सकता था और उसे परास्त कर सकता था। असमी पत्नी का पुत्र चापुती कमजोर था। एक दिन शिकार करते समय राम को प्यास लगी। प्यास बुझाने को वह एक पेड़ पर चढ़ा और वहाँ उसे एक विचित्र, विशालकाय अंडा दीख पड़ा। इसे उसने अपनी टोकरी में रखा और घर ले आया। जल्दी ही उससे एक सुन्दर स्त्री निकली। फिर उसका अपहरण करनेवाले दानवों से राम ने युद्ध करके उन्हें पराजित किया। उनकी सहस्राधिक सन्तानें हुईं। राम की ख्याति दिगदिगन्त तक फैल गई। कालांतर में वे लुप्त हो गए और अपने वंशजों द्वारा जिन्हें हिन्दू कहा जाता है, पूजे जाने लगे।

करबी समुदाय में सीता की उत्पत्ति लोककथाओं की युक्ति के अनुसार होती है। करबियों से बिल्कुल अलग भौगोलिक, सांस्कृतिक परिवेश में रहनेवाले गुजरात के भील समुदाय ने सीता-जन्म की अपनी कल्पना की है। भगवानदास पटेल ने 1992 में भीली रामायण को सुसम्पादित ढंग से प्रस्तुत किया। भारती बी. झबेरी ने इसका अध्ययन करते हुए सीता की उत्पत्ति की कथा का उल्लेख किया है। इस कथा में कैकेयी पाताललोक के वासुकि की

अत्यन्त सुन्दर पत्नी है। वह बांदिया नाग पर मोहित हो जाती है और इसका पता वासुकि के मित्र दशरथ को है। कैकेयी को इसका अहसास हो जाता है और वह (अपने को दशरथ के आरोप से बचाने के लिए) दशरथ पर ही आरोप लगा देती है कि वह उसका शील-भंग करना चाहता था। आरोप मिथ्या है, यह सिद्ध करने के लिए दशरथ को अग्नि-परीक्षा से गुजरना पड़ता है। वह इससे बेदाग निकल आता है। पश्चात्ताप करते हुए वासुकि कैकेयी को दशरथ के हवाले कर देता है। लेकिन इसके पहले एक घटना हो चुकी है। सृष्टि का हालचाल लेने निकले विष्णु और शिव के बीच क्रीड़ा चलती रहती है। शिव विष्णु की परीक्षा लेने के लिए पशु-रूप धारण करते हैं। यौनोत्तेजना में विष्णु का वीर्यपात होता है और वह वीर्य बिंदु वासुकिराज के तड़ाग में खिले कमल में जा गिरता है। संयोगवश कैकेयी उसी कमल को सूँघ लेती है जिससे उसे गर्भ ठहर जाता है। दशरथ को गर्भ की कथा मालूम है। इसीलिए वह कैकेयी को स्वीकार तो करता है, लेकिन उसके गर्भ को नहीं। फलस्वरूप कैकेयी उस भ्रूण को एक पात्र में रखकर सत-ऋषियों को दे देती है। वे इसे रावण को कर स्वरूप दे देते हैं। अन्ततः सीता का जन्म रावण के प्रासाद में होता है। पृथ्वी के आधे सौन्दर्य को एक पात्र में पाकर रावण अत्यन्त उल्लसित होता है और सम्पूर्ण लंका उसके साथ सीता के जन्म का हर्ष मनाती है। किन्तु ज्योतिषी भविष्यवाणी करते हैं कि यह कन्या आगे चलकर रावण की पत्नी बनेगी। रावण अत्यन्त ही नीतिवान है। वह इसे स्वीकार नहीं कर सकता। इसलिए अपनी भावनाओं पर संयम करके वह इस सुन्दर कन्या को त्याग देता है। पानी में बहा दी गई यह लड़की जनक को मिलती है जिसे वे अपनी पुत्री के रूप में पालते हैं।

1956 में श्रीकृष्ण दास ने 'लोकगीतों की सामाजिक व्याख्या' शीर्षक पुस्तक प्रकाशित की। इसमें उन्होंने राम-सीता सम्बन्धी लोकगीतों का अध्ययन प्रस्तुत किया है। वे लिखते हैं, "यों तो हमारे देश में अनेक

रामायणें हैं। परन्तु इन सबमें वाल्मीकि रामायण ही ऐसी रचना है जिसका लोकगीतों से निकटतम और सबसे सीधा सम्बन्ध है।" श्रीकृष्ण दास स्वीकार करते हैं कि तुलसी कृत 'रामचरितमानस' सर्वाधिक लोकप्रिय रामकाव्य है लेकिन उनका यह कथन कम महत्त्वपूर्ण नहीं है, "यदि भाषा का व्यवधान न होता तो वाल्मीकि रामायण के सभी महत्त्वपूर्ण पात्र और कथानक लोकगीतों में आ गए होते। परन्तु यही क्या कम है कि श्री रामचरितमानस की महान लोकप्रियता के बावजूद वाल्मीकि के राम और सीता लोकगीतों के माध्यम से जीवित रहे, वे सर्वथा लुप्त नहीं हो गए?"

श्रीकृष्ण दास वाल्मीकि और भवभूति की रामकथा में चित्रित सीता को लोकमानस की सीता के निकट पाते हैं। राम द्वारा मात्र अपनी प्रतिष्ठा की रक्षा के लिए सीता को छोड़ देने के अन्याय को लोक ने क्षमा नहीं किया। श्रीकृष्ण दास ने गर्भवती सीता को लक्ष्मण द्वारा बलपूर्वक वन में छोड़ आने, वहाँ कष्टपूर्वक जुड़वाँ बच्चों के जन्म की कथा कहनेवाले एक लोकगीत का विश्लेषण किया है। पुत्र जन्म का समाचार जब राम को मिलता है तो वे सीता को लिवा लाने के लिए लक्ष्मण को वन भेजते हैं। सीता लौटने से इनकार कर देती हैं। वाल्मीकि द्वारा समझाए-बुझाए जाने पर सीता तड़पकर उत्तर देती हैं, "गुरुदेव, आप सबका हाल जानते हैं। आप मेरे हृदय की पीड़ा को समझते हैं। आपको मेरे क्रोध का अन्दाज है। आप जानते हैं कि राम ने मेरा अकारण अपमान किया है, फिर भी आप अनजान बनकर मुझसे पूछ रहे हैं। गुरुवर, राम ने मुझे इतना अधिक सताया है, तड़पाया है, जलाया है कि अब उनसे मेरा चित्त कदापि नहीं मिल सकता। राम ने मुझे आग में डाला। मुझे उसमें अच्छी तरह भूना और तब उसमें से निकाला। फिर भी उन्होंने मेरे दुखों का विचार नहीं किया। दूसरी बार जब उन्होंने मुझे निकाला तो मैं गर्भवती थी। परन्तु उनको मेरे ऊपर ज़रा भी दया नहीं आई। अब आप ही बताइए मेरा उनका चित्त कैसे मिलेगा? हम दोनों के बीच जो गाँठ पड़ गई

है, वह कैसे खुलेगी? फिर भी गुरुदेव मैं आपके आदेश का पालन करूँगी। मैं आपके साथ दो कदम अयोध्या की ओर चलूँगी जिससे आपका मान रह जाए। परन्तु गुरुवर, मेरा यह निश्चय है कि अब मैं अयोध्या नहीं जाऊँगी। भगवान से मेरी प्रार्थना है कि वह मुझे राम से कभी न मिलावे।" वशिष्ठ से इसका जवाब न बन पड़ा। उन्होंने लौटकर राम से अपनी असमर्थता बता दी। राम स्वयं ही सीता को वापस लाने का निश्चय करके चले। बीच में लव-कुश मिले। उनसे माता-पिता का नाम पूछने पर यह उत्तर मिला, "हम राजा जनक के नाती हैं, सीता माता के हम दुलारे बेटे हैं। हम बाप का नाम नहीं जानते, हाँ, लक्ष्मण के भतीजे हम अवश्य हैं।" इस उत्तर से राम को बड़ा सदमा पहुँचा। किसी तरह अपने को सँभालकर वे आश्रम तक पहुँचे जहाँ कदम्ब वृक्ष की छाँह में सीता अपने केश सँभाल रही थीं। आहट मिलने पर मुड़कर उन्होंने राम को देखा और सिर झुका लिया। राम ने विनयपूर्वक उनसे अयोध्या लौट चलने को कहा, "रानी, हृदय का रोष छोड़ दो और फिर से अयोध्या सजाओ। रानी, तुम्हारे बिना संसार अँधेरा है और जीवन अकारथ है।" इसके बाद लोक कवि ने सीता की प्रतिक्रिया का जो वर्णन किया है, वह वाल्मीकि, भवभूति आदि के क्लासिकी वर्णन को फीका कर देता है– "आँखों में रोष भरे हुए सीता ने राम को एकटक, आँखें गड़ाकर देखा। सीता धरती में समा गईं, कुछ भी नहीं बोलीं।"

आगे श्रीकृष्ण दास ने लिखा है कि भवभूति की सीता ने तो फिर भी पृथ्वी से अपने को अंग लेने की प्रार्थना की थी, लोकगीतकार की सीता को उसकी भी ज़रूरत नहीं पड़ती।

श्रीकृष्ण दास के इस शोध के कोई तीन दशक बाद नवनीता देव सेन ने भी राम सम्बन्धी लोककाव्य का अध्ययन किया। 1989 में बांग्ला कवि चन्द्रावती की सोलहवीं सदी की रामायण को पढ़कर वे इस ओर प्रवृत्त हुईं। दिनेशचन्द्र सेन की जिस व्याख्यान शृंखला और पुस्तक का हवाला पहले दिया गया है, उसके एक अध्याय में

उन्होंने चन्द्रावती की रामायण का उल्लेख किया है। लेकिन वह नवनीता देवसेन को पर्याप्त नहीं जान पड़ा। 1989 में चन्द्रावती की रामायण को फिर से पढ़ते हुए उन्हें लगा कि एक स्त्री की रामायण बिल्कुल ही भिन्न रामकथा कहती है। सोलहवीं सदी में ही स्त्री कवि मोल्ला द्वारा तेलुगू में रामायण की रचना की गई। लेकिन यह स्त्री की दृष्टि से की गई रचना नहीं है। लेकिन उसकी खासियत यह है कि वह एक से के द्वारा जो शूद्र भी है, पूर्ण क्लासिकी ढाँचे में रची गई। यह ब्राह्मणीय कवियों को चुनौती भी थी। मोल्ला की इस रामायण को ब्राह्मणों ने राजदरबार में घुसने नहीं दिया। चन्द्रावती ने मोल्ला से विपरीत, स्त्री-दृष्टि से रामकथा कहते हुए राम की आलोचना की। उनकी रचना को कमजोर और अपूर्ण ठहराया गया।

नवनीता देव सेन ने चन्द्रावती की रामायण पर जो आलेख लिखा उसे ए.के. रामानुजन ने फरवरी, 1991 में पढ़ा और अत्यंत ही उत्साहित हुए। उन्होंने उन्हें तेलुगू स्त्रियों की रामकथा पर प्रोफेसर नारायण राव के अध्ययन के बारे में बताया। प्रोफेसर राव के इस अध्ययन के बाद नवनीता देवसेन ने बांग्ला, मराठी, मैथिली और तेलुगू स्त्री लोककाव्य में रामकथा का अध्ययन किया। वे भी उन्हीं निष्कर्षों पर पहुँची हैं, जिन पर श्रीकृष्ण दास पहुँचे थे। इनमें राम एक कठोर, पत्नी के प्रति उदासीन और कमजोर इच्छा शक्ति वाले व्यक्ति के रूप में सामने आते हैं। आदर्श तो वे कतई नहीं हैं। स्त्रियाँ उन्हें 'पाषंड' और 'पापिष्ठी' कहकर कोसती हैं और यह कहकर भर्त्सना भी करती हैं कि 'राम तुम्हारी बुद्धि भ्रष्ट हो गई है।'

रामायण के या 'रामकथा' के अलग-अलग उपयोग हैं। वाल्मीकि के भी बहुत पहले लोककंठ में यह कथा अलग-अलग ढंग से ध्वनित हुई है। शिष्ट साहित्य ने इस तरल स्वभाव वाली बहुवर्णी कथा को अनुशासित करने का प्रयास किया है। रामकथाएँ खुद एक-दूसरे को प्रभावित करती रही हैं। लेकिन प्रत्येक रामकथाकार इतना विनम्र है कि वह दूसरी रामकथाओं से बेहतर लिखने का दावा पेश नहीं

करता। वह पहले से विद्यमान रामकाव्य परम्परा को मिटाने की कोशिश भी नहीं करता। वह अपने राम और अपनी सीता का सृजन करता है। क्या ऐसा वह किसी स्पष्ट, बाहरी सामाजिक दबाव के कारण करता है? यह कहना कठिन है, हालाँकि लगभग एक शताब्दी पहले दिनेश चन्द्र सेन ने अपने शोध में पाया कि वाल्मीकि की रामायण घर और परिवार के मूल्यों को प्रतिष्ठित करने का काम करती है। शेल्डन पोलोक ने मध्यकाल में तत्कालीन राजनीतिक उद्देश्यों के लिए रामकथाओं में देवी और दानवी या राक्षसी के स्पष्ट विभाजन और राम में दैवी तत्त्वों के बढ़े निवेश को चिह्नित किया है। बीसवीं सदी के अन्तिम दशकों में ए.के. रामानुजन रामकथाओं के संसार की आश्चर्यजनक विविधता का उद्‌घाटन करते हुए उनके माध्यम से अर्थनिर्माण की प्रक्रिया की विलक्षण प्रकृति की ओर संकेत करते हैं। ऐसा कहा जाता है कि पहली रामायण की रचना हनुमान ने महासमर के बाद एक पर्वत शिखर पर की और फिर पांडुलिपि को छितरा दिया। वाल्मीकि उस महाकृति का अंश मात्र ही पकड़ पाए। हमारे पास अभी भी जो रामकथा है, इस लोकश्रुति के अनुसार मूल रामायण उससे बहुत बड़ी थी। हर पीढ़ी के हाथ शायद उसके कुछ पन्ने लग जाते हैं। इसलिए रामकथा कहने का अधिकार उसी को है जो उसकी अनन्तता का मान रखता है और उसे एक रूप में शेष कर देने का दम्भ नहीं पालता। जैसे ही वह ऐसा करेगा, हनुमान के द्वारा महाअन्तरिक्ष में बिखेर दिए पन्नों से कुछ और पृथ्वी पर आ गिरेंगे और उसका दम्भ चूर-चूर हो जाएगा।

दिल्ली — अपूर्वानंद

14 जनवरी, 2012

तीन सौ रामायण : पाँच उदाहरण और अनुवाद पर तीन विचार

कितनी प्रकार की रामायण? तीन सौ? तीन हजार? कुछ रामायणों के अन्त में कभी-कभी एक प्रश्न पूछा जाता है कि यहाँ कितनी प्रकार की रामायण सामने आई हैं? और यहाँ कुछ कथाएँ हैं जो इसका उत्तर देती हैं। ऐसी ही एक कथा है–

एक दिन राम जब अपने सिंहासन पर बैठे हुए थे, उनकी अँगूठी गिर पड़ी। जब अँगूठी ने धरती को स्पर्श किया तब वहाँ एक छिद्र बन गया और अँगूठी उसमें खो गई। वह गायब हो चुकी थी। जब ऐसा हुआ, राम के विश्वस्त प्रधान सेवक हनुमान उनके चरणों के पास ही बैठे हुए थे। राम ने हनुमान से कहा, "देखो, मेरी अँगूठी खो गई है, इसे ढूँढ़ लाओ।"

हनुमान तो किसी भी छिद्र में प्रवेश कर सकते थे, वह कितना भी सूक्ष्म क्यों न हो। उनमें सूक्ष्म में सूक्ष्मतम तथा बृहद् में बृहत्तम बन जाने की शक्ति थी। उन्होंने सूक्ष्म रूप धारण किया और छिद्र के भीतर चले गए।

वे छिद्र के भीतर चलते ही गए, चलते ही गए और अचानक पाताल लोक में गिर पड़े। वहाँ औरतें बैठी हुई थीं। उन्होंने कहा, देखो एक छोटा बन्दर। यह ऊपर से गिर पड़ा है। फिर उन्होंने हनुमान को पकड़ा और एक थाली में रख दिया। प्रेतों का राजा जो पाताल

लोक में रहता है, जानवरों को खाना पसन्द करता है। तो राजा के रात्रिभोज के भाग के रूप में सब्जियों के साथ हनुमान को भी भोजन के रूप में राजा के पास भेजा गया। थाली पर बैठे हुए हनुमान सोच रहे थे कि अब क्या करना चाहिए।

जब पाताल लोक में यह सब हो रहा था राम ऊपर पृथ्वी पर अपने सिंहासन पर बैठे हुए थे। उसी समय ऋषि वशिष्ठ तथा भगवान ब्रह्मा उनसे मिलने पहुँचे। उन्होंने राम से कहा, "हम आपसे एकान्त में बात करना चाहते हैं। हम चाहते हैं कि जो कुछ हम कहें उसे और कोई न सुन पाए और न ही इस वार्तालाप में कोई बाधा पहुँचाए। क्या आप सहमत हैं?"

"ठीक है।" राम ने कहा, "हम बात कर सकते हैं।"

फिर उन्होंने कहा, "एक नियम बनाया जाए। यदि कोई हमारी बातचीत के दौरान यहाँ पहुँच जाता है तो उसका सर काट दिया जाएगा।"

"ऐसा ही होगा।" राम ने कहा।

द्वाररक्षक के रूप में सर्वाधिक विश्वसनीय व्यक्ति कौन हो सकता है? हनुमान तो अँगूठी लाने के लिए भीतर गए हुए थे। राम लक्ष्मण से अधिक और किसी पर विश्वास नहीं करते थे, इसलिए उन्होंने लक्ष्मण को द्वार पर खड़े रहने को कहा।

"किसी को अन्दर न आने देना।" उन्होंने आदेश दिया।

लक्ष्मण द्वार पर खड़े थे कि वहाँ ऋषि विश्वामित्र आ पहुँचे और उन्होंने कहा, "मुझे राम से फौरन मिलना है। यह अपरिहार्य है। बताओ, राम कहाँ हैं?"

लक्ष्मण ने कहा, "आप अभी अन्दर नहीं जाएँ। वे कुछ लोगों से बातचीत कर रहे हैं जो महत्त्वपूर्ण है।"

विश्वामित्र ने कहा, "ऐसा क्या है जो राम मुझसे छुपाएँ? मुझे अन्दर जाना ही है।"

लक्ष्मण ने कहा, ''मुझे आपको अंदर जाने देने के लिए उनकी अनुमति लेनी होगी।''

विश्वामित्र ने कहा, ''अन्दर जाओ और पूछकर आओ।'' लक्ष्मण ने कहा, ''जब तक राम बाहर नहीं आ जाते मैं भीतर नहीं जा सकता। आपको प्रतीक्षा करनी होगी।''

विश्वामित्र ने कहा, ''यदि तुम भीतर जाकर मेरी उपस्थिति की सूचना नहीं देते तो मैं अपने शाप से सम्पूर्ण अयोध्या साम्राज्य को भस्म कर दूँगा।''

लक्ष्मण ने सोचा, ''यदि मैं अभी भीतर जाता हूँ तो मुझे मरना पड़ेगा, किन्तु अगर नहीं जाता हूँ तो यह क्रोधी व्यक्ति सम्पूर्ण साम्राज्य को भस्म कर देगा। समस्त कर्ता, समस्त वस्तुएँ जो यहाँ रहती हैं मारी जाएँगी। इससे बेहतर यह है कि मुझे अकेला ही मर जाना चाहिए।'' यह सोचकर लक्ष्मण भीतर चले गए।

राम ने उनसे पूछा, ''क्या बात है?''

लक्ष्मण ने कहा, ''विश्वामित्र आए हैं।''

''उन्हें भीतर भेज दो।''

फिर विश्वामित्र अन्दर आए। जो गोपनीय वार्ता हो रही थी वह पहले ही समाप्त हो चुकी थी। ब्रह्मा और वशिष्ठ राम से यह कहने आए थे, ''मनुष्य लोक में आपका कार्य सम्पन्न हो चुका है। राम के रूप में आपके अवतार का अब पटाक्षेप हो ही जाना चाहिए। अतः इस शरीर का त्याग करिए और ऊपर आकर पुनः देवताओं में शामिल हो जाइए।''

लक्ष्मण ने राम से कहा, ''भ्राता, आपको मेरा सर काट देना चाहिए।''

राम ने पूछा, ''क्यों? हमें और अधिक बात करनी ही नहीं थी। कुछ भी शेष नहीं बचा था तो मुझे क्यों तुम्हारा सर काट देना चाहिए?''

लक्ष्मण ने राम से कहा, "आप ऐसा नहीं कर सकते। आप मुझे इसलिए नहीं क्षमा कर सकते कि मैं आपका भाई हूँ। यह राम के नाम पर कलंक होगा। आपने तो अपनी पत्नी को भी क्षमा नहीं किया था। उन्हें वन भेज दिया था। मुझे निश्चय ही दंड मिलना चाहिए। मुझे जाना ही होगा।"

लक्ष्मण शेषनाग के अवतार थे। वही शेषनाग जिस पर विष्णु शयन करते हैं। मनुष्य के रूप में उनका समय भी समाप्त हो चुका था। वह सीधे सरयू नदी की ओर चले गए और बहती हुई जल की धारा में विलीन हो गए।

जब लक्ष्मण ने अपने शरीर का परित्याग कर दिया, तब राम ने अपने सभी अनुगामियों विभीषण, सुग्रीव तथा अन्य को बुलाया और अपने जुड़वाँ पुत्रों, लव तथा कुश के राज्यारोहण की व्यवस्था की। इसके बाद राम भी सरयू नदी में प्रवेश कर गए।

जब पृथ्वी पर यह सब हो रहा था तब हनुमान पाताल लोक में थे। अन्ततः जब हनुमान को प्रेतों के राजा के पास लाया गया तब भी वे राम का नाम जप रहे थे – 'राम राम राम ...।'

तब प्रेतों के राजा ने पूछा, "तुम कौन हो?"

"हनुमान।"

"हनुमान, तुम यहाँ क्यों आए हो?"

तब हनुमान ने कहा, "राम की अँगूठी छिद्र में गिर गई थी। मैं उसे लेने आया हूँ।"

राजा ने चारों ओर देखा और हनुमान को एक थाली दिखाई। इस थाली पर हजारों अँगूठियाँ थीं। वे सभी राम की ही अँगूठियाँ थीं। राजा ने थाली हनुमान के सामने प्रस्तुत की और कहा तुम अपने राम की अँगूठी इसमें से पहचान लो और ले जाओ। वे सबकी सब ठीक एक जैसी थीं।

हनुमान ने सिर हिलाते हुए कहा, "मैं नहीं जानता मेरे राम की अँगूठी इनमें से कौन सी है।"

प्रेतों के राजा ने कहा, "इस थाली में जितनी अँगूठियाँ हैं उतने ही राम अब तक हुए हैं। तुम जब पृथ्वी पर लौटोगे वहाँ राम को नहीं पाओगे। राम का यह अवतार अब समाप्त हो चुका है। जब भी राम का अवतार समाप्त होने को होता है, उनकी अँगूठी नीचे गिर जाती है। मैं उन्हें उठाकर रख लेता हूँ। अब तुम जा सकते हो।" फिर हनुमान वहाँ से लौट आए।

यह कथा प्रायः यह बताने के लिए कही जाती है कि ऐसे प्रत्येक राम के लिए एक अलग रामायण है। पिछले पच्चीस सौ वर्षों से अधिक समय से दक्षिण और दक्षिण पूर्व एशिया में रामायणों की संख्या और उनके प्रभाव का दायरा हैरान करने वाला है। पश्चिमी भाषाओं की बात ही छोड़ दीजिए, अन्नामी, बाली, कम्बोडियाई, चीनी, जावा, खोटानी, लाओसी, मलेशियाई, सिंहली, थाई, तिब्बती, बांग्ला, गुजराती, कन्नड़, कश्मीरी, मराठी, उडिया, प्राकृत, संस्कृत, संथाली, तमिल, तेलुगू, राम की कथा जितनी भाषाओं में मिलती है, उनकी सूची दम फुला देने वाली है। सदियों से रामकथा के एकाधिक वर्णन इनमें से कुछ भाषाओं में मिलते रहे हैं। सिर्फ संस्कृत में लगभग पच्चीस या सम्भवतः उससे भी अधिक ऐसे वर्णन उपस्थित हैं। वे महाकाव्य, काव्य, पुराण अथवा पुरातन मिथकीय कथा की विधाओं में हैं।

यदि हम इसमें नाटकों, नृत्य नाटकों, शास्त्रीय तथा लोक परम्पराओं के अन्य प्रदर्शनों को भी शामिल कर दें तब रामायणों की संख्या और भी अधिक बढ़ जाती है। इस सूची में मूर्तिकला, नक्काशी, मुखौटा नाटक, कठपुतली नाटक और छाया नाटक जैसी अभिव्यक्तियों को भी शामिल करना आवश्यक है जो दक्षिण पूर्व एशियाई संस्कृतियों में रची बसी हुई हैं।

रामायण के अध्येता कामिल बुल्के ने रामायण के तीन सौ आख्यानों की चर्चा की है। यह आश्चर्य नहीं है कि काफी पहले 14वीं सदी में कन्नड़ कवि कुमार व्यास ने महाभारत लिखना ही उचित समझा क्योंकि उन्होंने सुन रखा था कि एक दिव्य विशाल सर्प है जो रामायण वाचकों के भार तले कराहती पृथ्वी की रक्षा करता है।

मैंने इस लेख को लिखने के लिए विभिन्न पुराने अनुवादकों और विद्वानों के लेखों तथा उनके तथ्यों की मदद ली है। मैंने स्वयं के लिए तथा अन्य व्यक्तियों के लिए भी इतना ही निर्धारित किया है कि अन्ततः यह समझने का प्रयास किया जाए कि किस तरह विभिन्न संस्कृतियों, भाषाओं तथा धार्मिक परम्पराओं में एक ही कथा के ऐसे सैकड़ों वर्णन एक-दूसरे से सम्बन्धित हैं, वहाँ क्या-क्या अनूदित होता है और क्या-क्या प्रतिरोपित होता है अथवा प्रतिस्थानान्तरित होता है।

वाल्मीकि और कम्बन : दो अहल्याएँ

जाहिर है, इन सैकड़ों वर्णनों में एक-दूसरे से भिन्नता है। मैंने सामान्यतः प्रयुक्त होने वाले शब्द 'संस्करण' अथवा 'पाठ-भेद' की जगह 'वर्णन' शब्द के प्रयोग को प्राथमिकता दी है। क्योंकि इन शब्दों से यह प्रतीत होता है कि कहीं न कहीं कोई एक अपरिवर्तनीय, निश्चित चीज है, मूल अथवा आदि पाठ, जैसी। सामान्यतः वाल्मीकि की संस्कृत रामायण को आदि पाठ में सबसे पुराना और सबसे प्रतिष्ठित माना जाता है, लेकिन जैसा कि हम देखेंगे कि वाल्मीकि के आख्यान ही हमेशा एक भाषा से दूसरी भाषा में संचरित नहीं होते रहे हैं।

इससे पहले कि हम प्रारम्भ करें, कुछ विभेदों को स्पष्ट करना उपयोगी होगा। स्वयं परम्परा रामकथा और किसी विशिष्ट व्यक्ति द्वारा रचित पाठ, उदाहरण के लिए वाल्मीकि, कम्बन अथवा कृत्तिवास के पाठों के बीच अन्तर करती है। यद्यपि उपर्युक्त व्यक्तियों द्वारा लिखित पाठों को ही लोकप्रिय शैली में रामायण (जैसे कम्बन रामायण) कहा जाता हैं किन्तु कुछ ही ऐसे पाठों का शीर्षक रामायण है। अधिकांश ऐसे पाठों के अपने-अपने शीर्षक हैं। जैसे 'ईरामवतारम्' (राम की उत्पत्ति) 'रामचरितमानस' (राम के कर्मों का सागर), 'रामाकियेन' (राम की कथा) आदि।

वाल्मीकि द्वारा कही गई रामकथा से इनके सम्बन्ध भी अलग-अलग हैं। कथा और काव्य के बीच का यह पारम्परिक अन्तर

फ्रांसीसी भाषा में 'सुजेत' और 'रेसित' अथवा अंग्रेजी में 'कथा' और 'विमर्श' के बीच के अन्तर के समान है। (चैटमैन 1978)

यह अन्तर वाक्य और वक्तृत्व के बीच के अन्तर के समरूप है। सम्भव है कि संरचना और घटनाओं की क्रमबद्धता भी एक जैसी हो, परन्तु शैली, विवरण व बुनावट में काफी अन्तर हो और इसकी वजह से उनके प्रभाव में बड़ी भिन्नता हो।

यहाँ 'एक ही' घटना के दो वर्णनों पर ध्यान दीजिए। जो आख्यान की क्रमबद्धता में एक ही जगह उपस्थित होती है। पहला वर्णन वाल्मीकि के संस्कृत रामायण के खंड 'बालकांड' से है और दूसरा कम्बन के तमिल 'ईरामवतारम्' के पहले खंड से है। दोनों में अहल्या की कथाएँ हैं।

अहल्या का प्रकरण : वाल्मीकि

जनक के शुभ्र और दीप्त नगर मिथिला को देखकर समस्त ऋषि प्रशंसा में बोल उठे— अद्भुत, कितना अद्भुत। राघव ने मिथिला की सीमा पर जनविहीन सुन्दर प्राचीन आश्रम को देखते हुए ऋषि से पूछा, यह पवित्र स्थल कैसा है? गुरुदेव मैं जानना चाहता हूँ कि यह ऋषिविहीन आश्रम किसका है। राघव के शब्दों को सुनते ही शब्दों के ज्ञाता तथा आग्नेय स्वभाव वाले महान ऋषि विश्वामित्र ने कहा— सुनो राघव, मैं तुम्हें बताऊँगा यह किसका आश्रम था और किस प्रकार यह क्रोध में आए एक महान व्यक्ति द्वारा शापित हुआ। यह महान गौतम ऋषि का आश्रम था जो तुम्हें स्वर्ग का स्मरण कराता है। इसका पूजन देव गण भी करते थे। बहुत समय पहले गौतम अहल्या के साथ यहाँ अनेक वर्षों से तप करते आ रहे थे।

एक बार यह जानकर कि ऋषि गौतम आश्रम से बाहर गए हुए हैं, शची के पति इन्द्र (हजार नेत्रों वाले) ने ऋषि के समान रूप धारण किया और आश्रम पहुँचकर अहल्या से कहा, जो पुरुष अपनी इच्छाओं की पूर्ति करना चाहते हैं उनकी इच्छा किसी उचित समय की प्रतीक्षा नहीं करती। तुम्हारी देह सौन्दर्य से परिपूर्ण है मैं तुम्हारे साथ प्रेम में लिप्त होना चाहता हूँ। तुम्हारी कमर बहुत सुन्दर है। वह जानती थी कि यह ऋषि के भेष में हजार नेत्रवाले इन्द्र हैं। किन्तु उस भ्रमित मस्तिष्कवाली स्त्री ने अपना मन बना लिया था और देवताओं के राजा इन्द्र के प्रति उत्तेजित, उत्सुक हो उठी थी। फिर

अन्तर्तम की परितृप्ति के बाद उसने देवता से कहा, 'हे देवों के राजा! मैं तृप्त हूँ, मुझे सम्मान देने वाले प्रेमी, अब आप शीघ्र यहाँ से जाएँ तथा अपनी और मेरी रक्षा करें।' इन्द्र मुस्कराये तथा अहल्या से कहा, 'सुन्दर नितम्बों वाली रमणी, मैं अत्यन्त तृप्त हूँ। मैं उसी रास्ते से चला जाऊँगा, जिस रास्ते से आया था।' इस प्रकार अहल्या के साथ कामक्रीड़ा करने के पश्चात् इन्द्र पर्णकुटी से बाहर निकल गए। और, हे राम, जब इन्द्र जा रहे थे तब उन्होंने उस महान ऋषि गौतम को वापस आते देखा, जो देवताओं तथा देवता विरोधियों दोनों ही द्वारा अपराजित थे। ऋषि गौतम तप के बल से शक्तिशाली हो चुके थे। उनका शरीर अभी भी नदी के जल से भीगा हुआ था। वे हाथ में कुश लिए हुए अग्नि की भाँति चमक रहे थे जिन्हें देखकर देवताओं के राजा भय से काँपने लगे तथा उनके चेहरे का रंग उड़ गया। हजार नेत्र वाले का सामना एक ऐसे ऋषि से हो गया था जो सद्‌गुणों में काफी समृद्ध थे। इन्द्र जो ऋषि का रूप तो धारण करके आए थे किन्तु अब वे सद्‌गुणविहीन हो चुके थे।

ऋषि गौतम ने क्रोध में इन्द्र से कहा, "ओ मूर्ख! तुमने मेरा रूप धारग कर ऐसा दुष्कर्म किया जिसे कभी नहीं किया जाना चाहिए था। मैं तुम्हें शाप देता हूँ कि तुम अंडकोषविहीन हो जाओगे।" महान ऋषि के मुख से यह शाप निकलते ही इन्द्र के अंडकोष जमीन पर गिर पड़े। ऋषि के शब्द क्रोध में एक हजार नेत्रवाले के लिए थे। इन्द्र को शाप देने के पश्चात् उन्होंने अहल्या को शाप दिया कि "तुम्हें यहाँ हजारों वर्षों तक बिना भोजन के, हवा खाते हुए तथा राख में लोटते हुए रहना होगा। किसी भी प्राणी के लिए तुम्हारी यह पीड़ा और जलन अदृश्य ही रहेगी। जब दशरथ के पुत्र अपराजेय राम इस भयावह स्थल पर आएँगे तब तुम शुद्ध होगी। नैतिकताविहीन स्त्री, तब तुम्हारी वासनाएँ तथा भ्रम समाप्त होगा तथा तब तुम अपने वास्तविक स्वरूप में लौटोगी।" ऐसा शाप देकर

ऋषि गौतम ने उस आश्रम का परित्याग कर दिया और हिमालय के एक सुन्दर शिखर पर तपस्या करने चले गए जहाँ यक्ष और गन्धर्व निवास करते थे।

तब शक्तिविहीन इन्द्र ने अग्नि के नेतृत्व में बैठे देवताओं से जिनमें यक्ष गन्धर्व और ऋषिगण भी शामिल थे, कहा कि मैंने तो यह काम देवताओं की तरफ से किया था महान ऋषि के तप में विघ्न डालने के लिए। गौतम ने क्रोध में मुझे शक्तिहीन कर दिया और अहल्या को त्याग दिया। मैंने उनके तप में बाधा पहुँचाई और उनके शाप के विस्फोट ने मुझे शक्तिहीन कर दिया।

हे महान देवताओ, ऋषियो, यक्ष, गन्धर्वो, मेरी सहायता कीजिए। देवताओं के सहायक की सहायता कीजिए। आप सब मुझे अंडकोष की पुनः प्राप्ति में सहयोग कीजिए।

इसके बाद अग्नि के नेतृत्व में देवगण स्थानीय मारुतों के साथ आदि दैवीय पूर्वज ब्रह्मा के पास गए और बताया कि इन्द्र ने ऋषि गौतम की पत्नी को सम्मोहित कर उसके साथ कामक्रीड़ा की। इस कारण इन्द्र को ऋषि के शाप का शिकार होकर शक्तिहीन होना पड़ा। अब देवों के राजा इन्द्र क्रोधित हैं। देवगणों ने कहा कि भेड़ (अज) के पास अंडकोष है, परन्तु इन्द्र के पास नहीं।

इसलिए उसके अंडकोषों को निकालकर उन्हें इन्द्र में प्रतिस्थापित कर दिया जाए। बंध्याकरण के बाद अज आपको अद्भुत सन्तोष देगा और आनन्द का स्रोत बनेगा। जो जन ऐसा करेंगे, उन्हें असीमित फल मिलेगा और देवगण उन्हें बहुत कुछ देंगे।

अग्नि के शब्दों को सुनकर पूर्वज इकट्ठा हुए और उन्होंने अज के अंडकोष निकाल लिए तथा उन्हें सहस्र नेत्रों वाले इन्द्र में लगा दिया। उस समय से, दैवीय पूर्वज बंधिका किए गए इन अजों को खाते हैं और इन्द्र के पास उस जानवर के अंडकोष हैं।

इसके बाद विश्वामित्र ने राम से कहा, ‘‘आओ, राम। पवित्र ऋषि के आश्रम आओ और देवी की सुन्दरता से परिपूर्ण अहल्या की रक्षा करो।’’ तब विश्वामित्र के साथ राम और लक्ष्मण आश्रम गए और उन्होंने उस अहल्या को देखा, जो प्रायश्चित के कारण आन्तरिक प्रकाश से चमक रही थी, लेकिन देवताओं और देव-विरोधी समेत आस-पास से गुजर रहे लोगों की दृष्टि से ओझल बनी हुई थी।

अहल्या का प्रकरण : कम्बन

वे बहुत सी मीनारों वाली मिथिला नगरी आए
तथा किले के बाहर खड़े हो गए
किले के गुम्बज पर अनेक पताकाएँ थीं
वहीं, एक खुले मैदान में ऊँचाई पर एक काला पत्थर खड़ा था,
जो कभी अहल्या थी,
उस महान ऋषि की पत्नी
जो पतित हो चुकी थी
क्योंकि उसने अपनी शुचिता को गँवा दिया था।
जो विवाह का प्रतीक है एक घर में
राम की दृष्टि उस पत्थर पर पड़ी,
उनके पैरों की धूलि उस पर उड़ी।
एक अचेत की भाँति अज्ञानता को चीरते हुए,
ज्यों ही वह पत्थर राम के पैरों के पास पहुँचा,
उसका काला रूप परिवर्तित हुआ
और वह अपने वास्तविक रूप में लौटा,
और, वह (अहल्या) जीवित खड़ी हो गई
अपने पुराने रूप और रंग में वापस आ गई
जैसी वह कभी हुआ करती थी

राम विश्वामित्र से पूछते हैं कि क्यों यह सुन्दर स्त्री काले पत्थर में बदल गई थी, विश्वामित्र उत्तर देते हैं:

"सुनो! एक बार हीरक वज्र के स्वामी इन्द्र ने

सम्पूर्ण चेतना के स्वामी ऋषि गौतम की अनुपस्थिति में

उनकी हिरणी-जैसी नयनों वाली पत्नी अहल्या के सुन्दर वक्षों को प्राप्त करने के लिए

उसके पास पहुँचने का निर्णय लिया।

अहल्या की नजरों ने उसे घायल कर दिया

तथा वह नेत्र के बाणों से घायल हो गए

उसने इन्द्र को शंकु की भाँति छेद दिया

वह बेचैन हो उठा और उसने इस अधम कार्य के लिए कपटपूर्ण योजना का जाल फेंका।"

... "एक दिन उन्होंने भावनाओं के उन्माद में अवचिारित ढंग से ऋषि को दूर भेज दिया और ठीक गौतम ऋषि का भेष बनाकर उनकी कुटिया में घुस गए...

उस गौतम की कुटिया में जिनका ह्रदय किसी भी तरह का असत्य नहीं जानता था।

वहाँ जाकर इन्द्र अहल्या के संग सम्भोगरत हुए और उन दोनों ने ब्याह की पहली रात्रि की स्वच्छ नई मदिरा खूब पी ...

और वह जानती थी

फिर भी उस व्यक्ति को जो उसका अपना नहीं है

परे करने में असमर्थ थी

उसने अपना आनन्द मनाया

परन्तु ऋषि गौतम ने विलम्ब नहीं किया,

वे साक्षात शिव के रूप में वापस लौटे

अपने मस्तक पर तीन नेत्र लिए हुए

गौतम ने धनुष से तीर नहीं चलाया था,

क्योंकि वे शाप और वरदान की

अचूक शक्तियों का प्रयोग कर सकते थे।

जब वे आए, अहल्या एक ऐसे कृत्य की लज्जा से आच्छादित वहीं विस्मित खड़ी थी जिसका अन्त इस अन्तहीन संसार में नहीं होगा।

ऋषि के भय ने इन्द्र को हिलाकर रख दिया
वे बिल्ली के भेष में भागने लगे
गौतम के नेत्र अग्नि बरसा रहे थे,
उन्होंने देख लिया था कि क्या हुआ है,
और उनके शब्द हाथ पर गिरते-जलते तीरों की तरह बरसने लगे
"तुम एक हजार स्त्रियों की योनियों से ढँक लिए जाओगे।"
पलक झपकते ही इन्द्र का शरीर हजार योनि-चिह्नों से आच्छादित हो गया।
पलक झपकते ही वे आईं और इन्द्र को समेट लिया
शर्मसार होकर तथा संसार के लिए परिहास का विषय बनकर इन्द्र वहाँ से चले गए।
अब ऋषि अपनी पत्नी की ओर पलटे
ऋषि ने अपनी कोमल पत्नी को शाप दिया :
"ओ! बिकी हुई औरत!
तुम पत्थर में बदल जाओगी।"
और, वह तुरन्त गिर कर पत्थर बन गई,
एक कठोर काला पत्थर
गिरते हुए उसने प्रार्थना की :
"अपकर्म को सहन करना और क्षमा करना भी बड़ों का कार्य है।
ओ! मेरे शिव जैसे स्वामी,
अपने अभिशाप की कुछ सीमा निर्धारित करें"

तब उन्होंने कहा, "राम हारों से सुसज्जित होकर आएँगे, वे हार अपने साथ मधुमक्खियों का मधुर मन्द गुंजार लाएँगे। तब उनके पैरों की धूल तुम्हारे ऊपर पड़ेगी, तुम पत्थर की काया से मुक्त हो जाओगी।"

अमर्त्य लोक में सबने अपने राजा को देखा

और, वे सब ब्रह्मा के नेतृत्व में शीघ्र गौतम के पास पृथ्वी पर पहुँचे

तथा गौतम से दया की विनती की

गौतम का दिमाग बदल गया था। वह अब शान्त थे।

उन्होंने इन्द्र के योनि-चिह्नों को एक हजार नेत्रों में बदल दिया

और इस तरह देवगण अपने-अपने संसार के लिए प्रस्थान कर गए,

जबकि अहल्या पाषाण बन वहीं पड़ी रही।

ऐसी ही रीति थी उस समय।

अब से, और ज्यादा विपत्ति नहीं,

केवल मुक्ति, इस संसार की सभी वस्तुओं के लिए

ओ! मेघ जैसे गहरे स्वामी

जिसने कोयला सदृश काली राक्षसी से संघर्ष किया,

वहाँ मैंने आपके हाथों का महान कर्म देखा

और यहाँ आपके पैरों की महिमा।"

मुझे शीघ्रता से इन दोनों वर्णनों के बीच के कुछ अन्तरों की ओर इशारा करने दीजिए। वाल्मीकि के रामायण में इन्द्र एक तत्पर अहल्या को सम्मोहित करते हैं जबकि कम्बन में अहल्या को यह ज्ञान है कि वह गलत कार्य कर रही है किन्तु वह वर्जित आनन्द को जाने नहीं देना चाहती। कम्बन का काव्य पहले ही यह संकेत करता है कि उसके ऋषि पति के पास समस्त चेतना है। यह विवरण सम्मोहन के सन्दर्भ में एक विशेष मनोवैज्ञानिक तत्त्व जोड़ता है। इन्द्र बिल्ली के भेष में भागने का प्रयास करते हैं। यह प्रतीकात्मकता स्पष्टतः लोककथा का तत्त्व है। उदाहरण के लिए यह प्रतीक ग्यारहवीं सदी की संस्कृत लोककथा संग्रह 'कथासरितसागर' में भी मिलता है। इन्द्र एक हजार योनियों के शाप से शापित होते हैं, जिन्हें बाद में एक हजार आँखों में परिवर्तित कर दिया जाता है तथा अहल्या जड़ पत्थर में बदल दी जाती है। काव्यात्मक न्याय इन्द्र और अहल्या,

दोनों अपराधकर्मियों को दंड देता है। इन्द्र उस चीज की निशानी ढोते हैं, जिसकी वासना उन्होंने पाली; वहीं अहल्या किसी भी वस्तु के प्रति संवेदनशील होने से असमर्थ कर दी गई। ऐसे प्रतीक वाल्मीकि में नहीं मिलते हैं, किन्तु वे दक्षिण भारतीय लोकवार्ताओं तथा अन्य दक्षिण रामकथाओं, शिलालेखों, आरम्भिक तमिल कविताओं तथा गैर-तमिल स्रोतों से गुँथे हुए हैं। कम्बन इस प्रसंग में तथा अन्यत्र केवल अपने पूर्ववर्ती वाल्मीकि की सामग्रियों का ही पूरा प्रयोग नहीं करते, अपितु विभिन्न स्थानीय परम्पराओं का भी प्रयोग करते हैं। स्थानीय लोक-कथाओं के तत्त्व अक्सर कम्बन के माध्यम से अन्य रामायणों के अंग बनते हैं।

तकनीक के सम्दर्भ में भी कम्बन वाल्मीकि से ज्यादा नाटकीय हैं। वहाँ पहले राम के पैर काले पाषाण पर पड़ते हैं और काला पाषाण अहल्या के रूप में परिवर्तित हो जाता है। उसके बाद अहल्या की कथा कही जाती है। 'राम की प्रतीक्षा में ऊँचे स्थल पर खड़ा काला पाषाण' – यह अपने आप में एक बहुत प्रभावकारी व जीवन्त प्रतीक है। अहल्या का पुनरुद्धार, जड़शीतल पत्थर से मांसल मानवीय ऊष्मा में उसके जागरण का प्रसंग करुणामयी भक्ति का अवसर बन जाता है।

आखिर में, कम्बंन के काव्य में अहल्या का प्रसंग काव्य में पहले आई घटनाओं व प्रसंगों के साथ जुड़ा हुआ है। खासकर उन प्रसंगों के साथ, जहाँ राम राक्षसी ताड़का का नाश करते हैं। वहाँ राम बुराई का खात्मा करने वाले और अपने दुश्मनों लिए पुंसत्वहीनता तथा मृत्यु की राख लाने वाले हैं। यहाँ वे अहल्या को पुनर्जीवन देने वाले बादल जैसे श्यामल प्रजनन के देवता हैं। कम्बन की सम्पूर्ण कविता में राम एक तमिल नायक हैं। एक दयालु प्रदाता तथा दुश्मनों के निर्मम नाशक। अहल्या के पाषाण जैसे भारी पाप से मुक्ति पाने की घटना भक्ति का एक अद्भुत दृश्य तथा राम के अवतार के उस उद्देश्य का मानक बन जाती है, जो सांसारिक कष्ट से समस्त प्राणियों की मुक्ति की ओर उन्मुख है।

वाल्मीकि में राम का चरित्र ईश्वर का नहीं है, अपितु एक ऐसे ईश्वरीय पुरुष का है, जिसे मानवीय रूप की सीमाओं के बीच उसके समस्त विचलनों के साथ रहना है। कुछ लोगों के अनुसार राम के देवत्व तथा रावण के नाश के लिए उनके अवतार और महाकाव्य का प्रथम तथा अन्तिम खंड, जहाँ राम उक्त उद्देश्य के साथ निर्दिष्ट ईश्वर के रूप में रूपायित किए गए हैं – यह सब महाकाव्य में बाद में जोड़े गए हैं।

जैसा भी हो, कम्बन में राम स्पष्टतया ईश्वर हैं। यही कारण है कि कम्बन के यहाँ इस प्रकार के उद्धरण धार्मिक भावनाओं तथा धर्म तत्त्व के बिम्बों से पटे पड़े हैं। कम्बन ने बारहवीं सदी में तमिल धारा के प्रभाव में अपने काव्य की रचना की। श्री वैष्णव सन्तों में सर्वाधिक प्रतिष्ठित नामलवर (सम्भवतः नौवीं सदी) उनके गुरु थे। कम्बन के यहाँ राम एक ऐसे ईश्वर के रूप में उपस्थित हैं, जो अपकर्म का नाश कर सत्कर्म को बनाए रखने तथा समस्त जीवित प्राणियों के लिए मुक्ति का मार्ग प्रशस्त करने में संलग्न हैं। यहाँ अहल्या के साथ भेंट शृंखला की केवल पहली कड़ी है, जो रावण के साथ मुठभेड़ में समाप्त होती है। नामलवर के लिए राम भी सभी प्राणियों के रक्षक हैं, निम्नतम तृण से लेकर महान देवताओं तक के :

राम की कृपा से
कोई क्यों राम के सिवा किसी अन्य चीज को जपना चाहेगा?
आरम्भ कर हीन तृण और रेंगती चींटी से,
शून्य समेत जो भी हो, उन्होंने अपने नगर की प्रत्येक वस्तु को ग्रहण किया
समस्त चल,
समस्त अचल,
उन्होंने सभी पर ध्यान दिया,
उन सभी पर जो चार मुखों वाले/ईश्वर से जन्मे हैं,

उन्होंने उन सभी को सर्वोत्तम स्थिति तक पहुँचाया।

— नामलवर 7-5-1

कम्बन सशक्त ढंग से नामलवर के राम के स्वरूप को अपने काल में पूरे विस्तार के साथ प्रस्तुत करते हैं।

इसलिए अहल्या का प्रसंग बुनियादी तौर पर एक जैसा है, परन्तु बुनावट, आकार और रंग में काफी भिन्न। कम्बन के वर्णन में उपस्थित सौन्दर्यपरक आह्लाद का एक कारण उनके द्वारा पूर्ववर्ती कृतियों के अंशों का कलात्मक उपयोग है। कम्बन ने उक्त अंशों का कलात्मक उपयोग करते हुए उनमें प्रभावी बदलाव ला दिया है। यों तो एक हद तक सभी परवर्ती रामायण पूर्ववर्ती रामायणों के वर्णनों की भित्ति पर ही खड़ी हैं। वे अधि-रामायण हैं।

मुझे एक उदाहरण काफी पसन्द है, जिसे दोहराने से मैं अपने को रोक नहीं पाता। बाद के अनेक रामायणों (जैसे 16वीं सदी के 'अध्यात्म रामायण') में उद्धरण आता है— जब राम को वनवास के लिए जाना होता है तब वे सीता को अपने साथ नहीं ले जाना चाहते, सीता राम से तर्क करती हैं। आरम्भ में वे सामान्य तर्कों का सहारा लेती हैं, जैसे, वह उनकी पत्नी हैं, उन्हें उनकी पीड़ा में भागीदार होना चाहिए, उन्हें भी तो पति के निर्वासन में निर्वासित होना चाहिए, आदि-आदि। राम इन तर्कों से सहमत नहीं होते। सीता उग्र हो भड़क उठती हैं, "आज के पहले अनगिनत रामायणों की रचना हुई है। क्या आप ऐसी कोई रामायण जानते हैं, जिसमें सीता राम के साथ वन नहीं गई है?" इस प्रश्न के विवाद का हल निकल आता है और सीता राम के संग वन जाती हैं। चूँकि भारत में कुछ भी विलक्षण ढंग से घटित नहीं होता, यह प्रतीक कथा भी एक से ज्यादा रामायणों में उद्धृत होती है।

कम्बन के तमिल रामायण के प्रभाव में अनेक राम कथाएँ उत्पन्न हुई हैं। उनके अपने-अपने विशेष प्रभाव क्षेत्र हैं। तेलुगू देश

में यह कथा तेलुगू चरित्रों के माध्यम से उद्घाटित होती है, मलयालम क्षेत्र में मन्दिर अनुष्ठान के हिस्से के रूप में नाटक के तौर पर मंचित होती है और दक्षिण-पूर्व एशिया में राम कथा के प्रसारण में एक महत्त्वपूर्ण कड़ी का काम करती है। अठारहवीं सदी की थाई भाषा की 'रामाकियेन' पर कम्बन के तमिल काव्य का प्रभाव भी प्रमाणित हो चुका है। उदाहरण के लिए, इस थाई कृति में विभिन्न चरित्रों के नाम संस्कृत में नहीं हैं, वे स्पष्टतः तमिल भाषा के हैं, जैसे 'कलाई कोट्टू' संस्कृत में ऋष्यरंग। तुलसीदास का 'रामचरितमानस' और मलेशियाई भाषा का 'हिकायतसेरीराम' में भी कम्बन के काव्य के अनेक विवरण हैं।

यह सब स्पष्ट करता है कि प्रत्यारोपण विभिन्न मार्गों से हुए हैं। कुछ भाषाओं में 'चाय' के लिए शब्द उत्तरी चीनी बोली से लिया गया है, वहीं अन्य भाषाओं में दक्षिणी चीनी बोली से। अतः अंग्रेजी तथा फ्रेंच जैसी कुछ भाषाओं में 'टी' शब्द आया है, वहीं हिन्दी तथा रूसी भाषाओं में 'चा' 'चाय' शब्द मिलते हैं। सन्तोष देसाई का मत है कि रामकथा भी इसी प्रकार तीन मार्गों से प्रवाहित होती हुई प्रतीत होती है, "यह स्थल मार्ग से पंजाब और कश्मीर होते हुए चीन, तिब्बत तथा पूर्वी तुर्किस्तान पहुँची है। गुजरात और दक्षिण भारत से दक्षिण मार्ग लेते हुए समुद्री पथ से जावा, सुमात्रा और मलाया गई है और फिर बंगाल से स्थल मार्ग लेते हुए पूर्वी मार्ग से बर्मा थाइलैंड और लाओस पहुँची है। वियतनाम तथा कंबोडिया ने रामकथाओं का एक भाग जावा से तथा दूसरा भाग अंशतः भारत के पूर्वी पथ से लिया है।"

जैन वर्णन

जह हम जैन वर्णनों के संसार में प्रवेश करते हैं तो वहाँ रामकथा हिन्दू धर्म के मूल्यों को ढोते हुए नहीं मिलती। वास्तव में जैन पाठ यह भाव अभिव्यक्त करते हैं कि हिन्दुओं ने, विशेषकर ब्राह्मणों, रावण को बदनाम करने तथा उसे खलनायक बनाने का काम किया है। यहाँ प्रश्नों का एक समूह दिया जा रहा है, जिससे एक जैन पाठ का प्रारम्भ होता है।

"आखिर बन्दर कैसे रावण जैसे शक्तिशाली 'राक्षस' योद्धाओं को पराजित कर सकते हैं? कैसे रावण जैसे कुलीन व्यक्ति तथा जैन अनुयायी मांस खा सकते हैं तथा रक्त पान कर सकते हैं? कैसे कुम्भकर्ण वर्ष में छह माह सोया रह सकता है? जो कान में जलता हुआ तेल डालने, हाथियों द्वारा शरीर को कुचले जाने तथा युद्ध शंखों, नगाड़ों की ध्वनि के बाद भी नींद से नहीं उठ सका? वे यह भी कहते हैं कि रावण ने इन्द्र को कैद कर उनके हाथों में हथकड़ी डाल दी और घसीटते हुए लंका तक लाया, पर इन्द्र के साथ ऐसा कौन कर सकता है? यह सब फंतासी और अतिशयोक्ति प्रतीत होती है। यह झूठ है तथा तर्क विरुद्ध है।" इन प्रश्नों के साथ राजा श्रेणिका ऋषि गौतम के पास पहुँचते हैं और कहते हैं कि आप मेरे भ्रमों को दूर कीजिए तथा वास्तविक कथा कहिए। गौतम ने उनसे कहा, "मैं तुम्हें बताऊँगा कि जैन विद्वत् जन क्या कहते हैं। रावण दैत्य नहीं है, न नरभक्षी है और न ही मांस खाने वाला है। अपने को कवि कहने वाले मतिभ्रम के

शिकार मूर्ख और कुकवि ऐसे झूठ बोलते हैं।" इसके बाद वे रामकथा का अपना संस्करण सुनाना प्रारम्भ करते हैं।

विमलसूरि की जैन रामायण 'पउमचरिउ' (प्राकृत शब्द संस्कृत के 'पदमचरित' के लिए) वाल्मीकि की कथा से परिचित है और वह वहाँ की त्रुटियों तथा हिन्दू अतिरेकों में सुधार करती है। अन्य जैन पुराणों की भाँति यह भी प्रति पुराण है। यहाँ उपसर्ग 'प्रति' का अर्थ 'विरुद्ध' है, जो जैनियों का एक प्रिय उपसर्ग है।

विमलसूरि कथा का आरम्भ राम की वंशावली और उनकी महानता से नहीं कर रावण की वंशावली तथा महानता के वर्णन से करते हैं। इनके अनुसार रावण जैन परम्परा के तिरसठ शलाका पुरुषों में से एक हैं। वे विनम्र, विद्वान, तप के बल पर चमत्कारी शक्तियों तथा शास्त्रों का अर्जन करनेवाले और जैन गुरुओं के अनुयायी हैं। वे अपने एक जैन स्वामी को प्रसन्न करने के लिए प्रतिज्ञा करते हैं कि वे कभी भी किसी अनिच्छुक स्त्री का स्पर्श नहीं करेंगे।

एक स्मरणीय घटना है कि एक बार रावण ने एक दुर्गम किले की घेराबन्दी की क्योंकि उस किले की रानी रावण से प्रेम करती थी और उसने दूत के माध्यम से रावण के पास सन्देश भिजवाया। रानी की गुप्त सूचनाओं का प्रयोग कर रावण ने किले का भंजन कर दिया और राजा को पराजित कर दिया। किन्तु इस विजय के शीघ्र बाद वे विजित साम्राज्य को राजा को वापिस कर देते हैं तथा रानी को सुझाव देते हैं कि वह अपने पति के पास वापस लौट जाए। एक बार रावण भविष्य वक्ताओं से यह सुनकर पूरी तरह कम्पित हो जाता है कि उसका अन्त सीता नाम की एक स्त्री के कारण होगा। इसके बाद भी रावण सीता की सुन्दरता के प्रेम में पड़ जाता है और उसका अपहरण करता है। उन्हें अपने पक्ष में जीतने का निरर्थक प्रयास करता है। ऐसा करके वह अपने पतन का स्वयं साक्षी बनता है और अन्ततः युद्ध क्षेत्र में मृत्यु को प्राप्त होता है।

रावण इन जैन वर्णनों में एक ऐसे 'महान' व्यक्ति के रूप में उपस्थित होता है, जो प्रेम वासना से पराजित हो जाता है। रावण ने प्रेम वासना में न पड़ने की प्रतिज्ञा की थी, किन्तु वह उस वासना का प्रतिरोध नहीं कर पाया। जैन रामायणों की एक दूसरी परम्परा में सीता रावण की पुत्री है, किन्तु रावण इस तथ्य को नहीं जानता है। इस विचित्र स्थिति में त्रासदी का पासा रावण के विरुद्ध पड़ता है। मैं सीता के जन्म के विषय में अगले खंड में और कहूँगा।

हमारी आधुनिक दृष्टि में यह रावण एक कारुणिक व्यक्ति के रूप में प्रस्तुत होता है। जैन जब कथा कहते हैं, तो हम रावण के प्रति प्रशंसा और दया – दोनों ही भावों से जुड़ते हैं। मुझे इस सन्दर्भ में एक और कथा प्रतीक का उल्लेख करने दीजिए।

जैन विचारधारा के अनुसार वासुदेव और प्रतिवासुदेव जीवन-दर-जीवन एक-दूसरे से लड़ने के लिए नियतिबद्ध हैं। 'नायक' और 'प्रतिनायक' की भाँति अथवा 'स्वयं' एवं 'अन्य' की तरह यह दोनों प्रतिद्वन्द्वीयुग्म हैं। लक्ष्मण और रावण इस युग के आठवें अवतार हैं। यह युग्म हर युग में जन्म लेता है, उतार-चढ़ावों के बीच युद्धरत होता है तथा वासुदेव अन्ततः अपने प्रतिद्वन्द्वी को मारते हैं। रावण को भी ज्ञान होता है कि लक्ष्मण ऐसे ही वासुदेव हैं, जो उसका प्राण लेने हेतु अवतरित हुए हैं। रावण इस तथ्य की जानकारी होने के बाद भी शांति के लिए अन्तिम, पर असफल प्रयास करते हैं तथा अपनी निराशा से पार जाकर शक्तिशाली चामत्कारिक शस्त्रों के साथ युद्ध में अपने नियतिबद्ध प्रतिद्वन्दी के सामने प्रस्तुत होते हैं, युद्ध के अन्त में जब रावण लक्ष्मण पर अपना चक्र फेंकते हैं तो यह उपक्रम सफल नहीं हो पाता। चक्र लक्ष्मण को वासुदेव के रूप में पहचान कर उनका शीश विच्छेद नहीं करता। बल्कि स्वयं उनके हस्त में अर्पित हो जाता है। इस प्रकार लक्ष्मण अपने प्रिय अस्त्र से रावण का वध कर देते हैं।

यहाँ राम रावण का वध तक नहीं करते, जैसा कि हिन्दू धर्म की रामायणों में घटित होता है। यहाँ राम एक ज्ञानी जैन सिद्ध हैं, जिन्होंने अपनी इच्छाओं पर विजय प्राप्त कर ली है और वे अपने अन्तिम जन्म में किसी की हत्या नहीं करना चाहते। यहाँ लक्ष्मण शत्रुओं का वध करते हैं तथा निरन्तर उद्धरित होने वाले जैन तर्कों के अनुसार लक्ष्मण इसी कारण नरक में जाते हैं, वहीं राम को 'कैवल्य' (मुक्ति) की प्राप्ति होती है। यह कहने की आवश्यकता नहीं है कि 'पउमचरिउ' जैन धार्मिक स्थलों, जैन ऋषियों की कथाओं तथा जैन आचार संहिताओं तथा वृत्तान्तों के प्रसंगों से भरा पड़ा हुआ है। जैन मानते हैं कि वे हिन्दुओं से सर्वथा भिन्न तर्कवादी हैं क्योंकि हिन्दू जहाँ अतिरेकों एवं प्रायः रक्तपात युक्त कल्पनाओं तथा अनुष्ठानों में लिप्त रहते हैं वहीं जैन चामत्कारिक जन्मों (राम और उनके भाइयों का जन्म स्वाभाविक ढंग से होता है), रक्त बलि तथा ऐसे कृत्यों के प्रसंगों से स्वयं को अलग रखते हैं। जैन रावण के 'दशमुख' स्वरूप को भी उचित ठहराते हैं तथा कहते हैं कि जब रावण का जन्म हुआ था, उनकी माँ को नौ रत्नों का हार मिला था। उसे जब उन्होंने रावण की गर्दन में डाला तो उन्हें उसके मुख के नौ प्रतिबिम्ब दिखाई पड़े और इस तरह उन्होंने रावण को दशमुख कहना प्रारम्भ कर दिया। जैन वर्णनों के अनुसार बन्दर भी बन्दर नहीं हैं – वे पीढ़ियों से रावण तथा उसके परिवार से जुड़े विद्याधर हैं। उनकी पताकाओं पर उनके साम्राज्य चिह्न के रूप में बन्दर अंकित हैं, इस प्रकार उनका नाम 'वानर' पड़ गया। उनके साम्राज्य की पताकाओं पर उनके बन्दर के प्रतीक चिह्न हैं।

लिखित से मौखिक की ओर...

दक्षिण भारतीय लोक रामायणों में से एक की ओर गौर करें। इनमें कथाएँ सामान्यतः टुकड़ों-टुकड़ों में उद्‌घाटित होती हैं। उदाहरण के लिए कन्नड़ में हमें सीता के जन्म, विवाह, सतीत्व परीक्षा, वनवास, लव तथा कुश के जन्म तथा पिता राम के साथ उनके युद्ध आदि प्रकरणों पर अलग-अलग आख्यानमूलक कविताएँ मिलती हैं। किन्तु हमें वहाँ पारम्परिक चारणों (तंबूरी दास्य) का एक सामूहिक गान भी प्राप्त होता है जो रामकथा का एक पूरा वर्णन प्रदान करता है। इस गान में हर दो पंक्तियों के बाद एक टेक आता है। मैं उपरोक्त वर्णन के लिए रामगौड़ा पी.के. राजशेखर और ए. बासवैया के द्वारा किए गए लिप्यन्तरण (1973) का आभारी हूँ।

एक अस्पृश्य चारण द्वारा गाया जाने वाला यह लोक आख्यान रावण (यहाँ उसे रावुला कहते हैं) तथा उसकी रानी मन्दोदरी के एक प्रसंग के साथ प्रारम्भ होता है।

वे दोनों सन्तानहीन और दुखी हैं, अतः रावण या रावुला वन जाता है तथा आत्मदमन की समस्त क्रियाएँ करता है, जैसे, ज़मीन पर तब तक घिसटना जब तक पीठ से खून न निकल आए। उसकी भेंट एक योगी से होती है जो स्वयं 'शिव' हैं। वे उसे एक चमत्कारी आम देते हैं और उसे बताते हैं कि किस प्रकार वह आम को अपनी पत्नी के साथ बाँटकर खाए। रावुला कहता है निश्चित ही वह आम के मीठे गूदे को अपनी पत्नी को देगा तथा खुद उसकी

गुठली चाटेगा, किन्तु योगी सशंकित है। वह रावुला से कहता है, "एक बात मुझे बताओ, तुम्हारे पेट में विष है। तुम मुझे खुश करने के लिए कुछ और बता रहे हो, किन्तु तुम दूसरा ही कुछ सोच रहे हो। यदि तुम मुझसे झूठ बोलोगे तो तुम्हें अपने कर्मों का फल स्वयं चखना पड़ेगा।"

कवि कहता है कि रावण स्वप्न में कुछ और सोचता है और जाग्रत अवस्था में कुछ और। जब वह आम घर लाता है तो उसके साथ विभिन्न प्रकार के पुष्पों तथा सुगन्धियों को भव्य पूजा के लिए लाता है। मन्दोदरी अत्यन्त प्रसन्न होती है। आनुष्ठानिक पूजा तथा शिव आराधना के बाद रावण आम को बाँटने को तैयार हो जाता है, किन्तु तभी वह सोचने लगता है कि अगर फल वह अपनी पत्नी को दे देगा तो वह भूखा रह जाएगा और उसकी पत्नी तृप्त हो जाएगी। यह विचार आते ही वह शीघ्रता से फल के गूदे को डकार जाता है तथा अपनी पत्नी को केवल गुठली देता है। मन्दोदरी गुठली चाटने के बाद उसे बाहर बगीचे में फेंक देती है, वहाँ वह अंकुरित होकर एक दीर्घ आम वृक्ष के रूप में विकसित हो जाता है। और इसी बीच रावण खुद गर्भ धारण कर लेता है तथा उसकी गर्भावधि हर दिन के साथ एक माह की हो जाती है।

हे शिव! एक दिन में एक माह बीत गया।
दूसरे दिन में दूसरा माह बीत गया।
और उसकी व्याकुलता प्रारम्भ हो गई।
हे शिव! मैं पुरुषों के संसार में अपना मुख कैसे दिखाऊँगा?
तीसरे दिन में तीसरा माह बीत गया।
हे शिव! मैं संसार में अपना मुख कैसे दिखाऊँगा।
चौथे दिन में चौथा माह बीत गया।
हे शिव! मैं इसे कैसे वहन कर सकता हूँ?

पाँचवें दिन में पाँचवाँ माह बीत गया।

हे ईश्वर! आपने मुझे संकट में डाल दिया। हे शिव!

हे शिव! मैं इसे सहन नहीं कर सकता। मैं इसे सहन नहीं कर सकता।

मैं कैसे जी पाऊँगा? रावुला त्रास में विलाप करता है।

छठे दिन उसने छठा माह बिता दिया।

और माँ री! सातवें दिन सातवाँ माह बीत गया।

कैसी लज्जा! रावुला अब अपने सातवें महीने में है।

और शीघ्र ही आठवाँ महीना आ गया।

हे शिव!

रावुला अब अपने पूर्ण नौवें माह में था।

वह गर्भधारण का चक्र पूरा कर चुका था

और तैयार था,

वह पैदा हुई, प्रिय सीता!

सीता उसके नाक से पैदा हुई।

जब वह छींकता है

सीताम्मा का जन्म होता है

और रावुला ने उसका नाम सीताम्मा रख दिया।

कन्नड़ में सीता शब्द का अर्थ है – 'उसने छींका'। रावण उसे सीता कहता है क्योंकि उसने एक छींक से जन्म लिया था। यहाँ सीता का नाम एक खास कन्नड़ लोक शब्द व्युत्पत्ति ग्रहण करता है, ठीक उसी तरह जिस तरह यह नाम संस्कृत पाठ में एक संस्कृतरूप ग्रहण करता है जहाँ उसका नाम सीता है क्योंकि राजा जनक उसे हल की रेखा (सीता) में प्राप्त करते हैं। इसके बाद रावुला

ज्योतिषशास्त्रियों के पास पहुँचता है। वे उसे बताते हैं कि उसने शिव को दिए गए वचन की रक्षा नहीं की तथा अपनी पत्नी को फल देने के बजाये खुद ही फल खा लिया, इसीलिए उसे यह दंड भुगतना पड़ रहा है। वे रावुला को सुझाव देते हैं कि वह बालिका को खिलाकर तथा वस्त्र पहनाकर किसी स्थान पर छोड़ आए, जहाँ से कोई दम्पती उसकी प्राप्ति करेगा तथा अपने घर ले जाकर पालन-पोषण करेगा। तदनुसार रावुला ने सीता को बक्से में रखा और जनक के खेत में छोड़ आया।

सीता के जन्म की इस कथा के पश्चात कवि राम तथा लक्ष्मण के जन्म तथा पराक्रम का गान करता है। इसके बाद सीता की परिणय प्रतिस्पर्धा का एक लम्बा खंड आता है, जहाँ रावुला प्रकट होता है तथा भारी धनुष को उठाते समय गिर पड़ता है। वह अपमानित होता है, राम उस धनुष को उठा लेते हैं, तथा उनका सीता के साथ विवाह हो जाता है। इसके बाद रावण सीता का अपहरण करता है तथा राम अपने वानर सहयोगियों के साथ लंका की घेराबंदी करते हैं और (एक संक्षिप्त प्रकरण में) सीता की पुनः प्राप्ति कर राजा के रूप में विराजित होते हैं। इसके पश्चात कवि सीता की परीक्षा के विषय पर लौटता है, जहाँ सीता पर लांछन लगाए जाते हैं और उन्हें वनवास भेज दिया जाता है। वह दो जुड़वाँ बच्चों को जन्म देती है जो बड़े होकर योद्धा बनते हैं। यही दोनों बेटे बलिदान के लिए तैयार किए गए राम के अश्व को बाँध लेते हैं तथा उस अश्व की रक्षा में भेजी गई सेनाओं को पराजित कर अन्ततः अपने माता-पिता के साथ मिलते हैं।

यहाँ हम केवल एक भिन्न बुनावट तथा विषय पर विशेष जोर को ही नहीं देखते हैं, कथावाचक हर जगह सीता की कथा की ओर लौटने को व्यग्र दिखलाई पड़ता हैः सीता का जन्म, उसका गोद लिया जाना, उसका परिणय, अपहरण, और पुनरागमन। कथा में राम और

लक्ष्मण के जन्म, वनवास तथा रावण के साथ युद्ध जैसे प्रसंगों पर जो खंड हैं, उतने ही बड़े खंड सीता के निर्वासन, गर्भधारण तथा पति के साथ पुनर्मिलन पर भी हैं। और तो और पुरुष रावण से पुत्री के रूप में सीता के असामान्य जन्म का प्रकरण कथा में गर्भ तथा शिशुजन्म को लेकर पुरुषईर्ष्या के मनोरोग का नया आयाम उद्घाटित करता है। यद्यपि यह आयाम तथा पिताओं द्वारा पुत्रियों के संग प्रेमग्रस्त होने और इस प्रकरण में एक ऐसी ही पुत्री द्वारा अपने पुत्रीगामी पिता की मृत्यु का कारण बनने के विषय भारतीय साहित्य में प्रायः उपस्थित हो जाने वाले विषय हैं।

ऐसा नहीं है कि रावण की पुत्री के रूप में सीता की प्रतीक कथा अन्यत्र नहीं जानी जाती है। यह जैन कथाओं की एक परम्परा (उदाहरण के लिए वासुदेवामिदि), कन्नड़ तथा तेलुगू की लोक-परम्पराओं तथा विभिन्न दक्षिण-पूर्वी एशियाई रामायणों में मौजूद है। कुछ कथाओं में यह भी वर्णन है कि रावण ने अपनी पूर्ण यौवनावस्था में एक नौजवान स्त्री का शीलभंग किया था तथा उसी स्त्री ने दूसरे जन्म में उसकी पुत्री बनकर उसका नाश करने की प्रतिज्ञा की थी। इस तरह मौखिक परम्पराएँ उन विशेष अर्थों की श्रृंखला को समेटती हुई प्रतीत होती हैं, जो वाल्मीकि के यहाँ अनजानी हैं।

एक दक्षिण-पूर्व एशियाई उदाहरण

जब हम भारत से बाहर दक्षिण-पूर्व एशिया की ओर जाते हैं तब हमें तिब्बत, बर्मा, लाओस, कम्बोडिया, थाईलैंड, मलेशिया, जावा और इंडोनेशिया में रामकथा के विविधापूर्ण वर्णन मिलते हैं। यहाँ हम केवल एक उदाहरण – थाई भाषा की 'रामकीर्ति' पर विचार करेंगे। सन्तोष देसाई के अनुसार थाई समाज की रंगत को रामकथा ने जितना अधिक प्रभावित किया है, उतना हिन्दू मूल की किसी अन्य कथा ने नहीं। वहाँ के बौद्ध मन्दिरों की नक्काशियों तथा दीवारों पर उकेरी गई चित्राकृतियाँ, नगरों तथा गाँवों में मंचित नाटक तथा उनकी संगीतात्मक प्रस्तुतियाँ सभी रामकथा को पुनःरचित करते हैं। एक के बाद एक कई सम्राटों ने राजाराम की उपाधि धारण कर, रामायण के विभिन्न प्रकरणों की रचना थाई भाषा में की: जहाँ सम्राट राम प्रथम ने पचास हजार श्लोकों में रामायण के प्रसंगों की रचना की है तथा सम्राट राम द्वितीय ने नए प्रकरणों की रचना नृत्य के अनुकूल की है, वहीं सम्राट राम षष्ठम ने रामायण के विभिन्न प्रकरणों की एक अन्य शृंखला का निर्माण किया है जिनमें अधिकांश प्रसंग रामायण वाल्मीकि से लिए गए हैं। थाईलैंड में कुछ स्थान जैसे 'लापबुरी' (संस्कृत-लावापुरी) 'खिदकिन' (संस्कृत-किष्किन्धा) और 'अयुथिया' (संस्कृत-अयोध्या) ख्मेर के खंडहरों तथा थाई कला राम के आख्यानों से सम्बद्ध हैं।

थाई भाषा की 'रामकीर्ति' तथा 'रामाकियेन' (राम की कथा)

तीन तरह के चरित्रों—मानवी, राक्षसी तथा वानरी की उत्पत्ति के वर्णन से आरम्भ होती है। कथा का दूसरा खंड राम तथा लक्ष्मण के राक्षसों के साथ संघर्ष, रामविवाह तथा निर्वासन, सीता के अपहरण तथा वानरी गोत्र के साथ राम की सभाओं का वर्णन करता है। यह खंड युद्ध की तैयारी, हनुमान के लंका दौरे तथा लंका दहन, सेतु निर्माण, रावण के पतन तथा सीता के साथ राम के पुनर्मिलन का वर्णन भी करता है। कथा का तीसरा खंड लंका में हुए विद्रोह तथा राम द्वारा अपने दोनों छोटे भाइयों को लंका भेजकर उस विद्रोह को शान्त करने के प्रसंगों की कहानी कहता है। यह खंड सीता के निर्वासन, उनके बेटों के जन्म, पिता के साथ बेटों के संघर्ष, पृथ्वी पर सीता के आगमन तथा राम और सीता को मिलाने के लिए देवताओं की उपस्थिति जैसे प्रसंगों की चर्चा भी करता है।

हालाँकि अनेक घटनाएँ वाल्मीकि के रामायण में वर्णित घटनाओं से मेल खाती हैं, किन्तु अनेक भिन्न भी ठहरती हैं। उदाहरण के लिए दक्षिण भारत की लोक रामायणों (जैन, बांग्ला तथा कश्मीरी रामायण भी) की तरह यहाँ भी सीता के निर्वासन को एक नया नाटकीय रूप दिया गया है। सूर्पणखा (एक राक्षसी जिसकी नासिका राम तथा लक्ष्मण के द्वारा बहुत वर्षों पूर्व जंगल में काट दी गई थी) की पुत्री सीता से प्रतिशोध लेने के लिए तैयार बैठी हुई है। वह मान बैठी है कि सीता ही अन्ततः उसकी माँ की विरूपता के लिए जिम्मेदार है। वह अयोध्या पहुँचती है तथा सीता की सेविका बन जाती है। वह सीता को रावण की छवि बनाने के लिए प्रेरित करती है। सीता द्वारा रावण की जो छवि बनाई जाती है वह बाद में मिट नहीं पाती है। (कुछ वर्णनों में वह छवि सीता के शयनकक्ष में सजीव हो उठती है) राम का ध्यान उस छवि की ओर जाता है और वह ईर्ष्या और क्रोध में सीता को मारने का आदेश देते हैं। दयालु लक्ष्मण सीता को वन में जिन्दा छोड़ आते हैं तथा सीता के वध के प्रमाण के रूप में एक मृग का हृदय ले आते हैं।

यहाँ राम तथा सीता का पुनर्मिलन भी भिन्न प्रकार का है। जब राम को यह पता चलता है कि सीता अभी जीवित है तो वे सीता को यह सन्देश भिजवाकर महल में बुलवाते हैं कि उनकी मृत्यु हो चुकी है। राम को देखने के लिए सीता भागी चली आती हैं, किन्तु आने के बाद यह जानकर कि उनके साथ छल किया गया है वे क्रोध में तिलमिला जाती हैं। एक असहाय के रूप में क्रोध में वे पृथ्वी माता का आह्वान करती हैं और उनसे स्वयं को समावेशित करने का आग्रह करती हैं। हनुमान को सीता को वापस लाने के लिए भूतल के प्रदेशों में भेजा जाता है, किन्तु वापस आने के लिए तैयार नहीं होती हैं। अन्ततः राम और सीता के पुनर्मिलन के लिए शिव की शक्ति का प्रयोग किया जाता है।

पुनः यहाँ जैन उदाहरणों तथा दक्षिण भारतीय लोककथाओं की तरह सीता के जन्म का विवरण भी वाल्मीकि के वर्णनों से भिन्न है। जब दशरथ अपने त्याग का प्रदर्शन करते हैं तब उन्हें एक कटोरा चावल मिलता है न कि चावल का दलिया (पायस) जैसा कि वाल्मीकि के वर्णन में है। एक कौवा कटोरे से कुछ चावल चुरा लेता है और उसे रावण की पत्नी के पास ले जाता है। वह उसे खा लेती है और गर्भवती होकर सीता को जन्म देती है। रावण उस भविष्यवाणी से अवगत होकर कि उसकी पुत्री ही उसकी मृत्यु का कारण बनेगी, सीता को समुद्र में फेंक आता है जहाँ समुद्र की देवी सीता की रक्षा करती हैं और उन्हें जनक के पास पहुँचा देती हैं। और तो और, यद्यपि राम विष्णु के अवतार माने जाते हैं किन्तु थाईलैंड में राम शिव के अनुचर हैं। वहाँ राम एक मानवीय नायक के रूप में उपस्थित होते हैं। वहाँ 'रामकीर्ति' एक धार्मिक रचना या एक ऐसी अतुलनीय रचना के रूप में नहीं देखी जाती है जिसके अनुसार स्त्री तथा पुरुष उसका अनुपालन करें। वे सबसे ज्यादा उन अध्यायों का आनन्द लेते हैं, जहाँ सीता के अपहरण तथा युद्ध जैसे प्रसंग आते हैं।

विरह और मिलन, जो हिन्दू रामायणों के मूल प्राण हैं, वे वहाँ

उतने महत्त्वपूर्ण नहीं हैं जितने युद्ध के रोमांच तथा उनके ब्योरे, युद्ध की तकनीक और शानदार अस्त्र-शस्त्रों का वर्णन। वहाँ युद्ध कांड या युद्ध प्रकरण किसी अन्य वर्णन से कहीं ज्यादा विस्तृत है जबकि यह प्रसंग कन्नड़ लोक वर्णन में कम महत्त्वपूर्ण है। देसाई कहते हैं कि थाई रचना में युद्ध पर जो विशेष बल है वह काफी महत्वपूर्ण है क्योंकि आरम्भिक थाई इतिहास भी युद्धों से परिपूर्ण है और अस्तित्व रक्षा थाई लोगों की एक बड़ी चिन्ता रही है।

'रामाकियेन' के केन्द्र में पारिवारिक मूल्य तथा अध्यात्म नहीं है। थाई दर्शक राम से ज्यादा हनुमान को पसन्द करते हैं। वहाँ हनुमान हिन्दू रामायण की तरह ब्रह्मचारी तथा धर्मनिष्ठ नहीं हैं। वह पूर्ण स्वतन्त्र हैं जिनके लिए लंका के शयनकक्षों के भीतर झाँकना गलत नहीं है। उन्हें स्त्रियाँ पसन्द हैं। वहाँ हनुमान पर पुरुष की सोती हुई पत्नी को देखने में कुछ भी अनैतिक महसूस नहीं करते जैसा कि वाल्मीकि तथा कम्बन के हनुमान समझते हैं। यहाँ रावण भी भिन्न है। 'रामकीर्ति' रावण की विद्वत्ता तथा समृद्धता की प्रशंसा करता है और रावण के द्वारा सीता के अपहरण को प्रेम के एक उपक्रम के रूप में देखता है। वहाँ रावण के प्रति सहानुभूति का तत्त्व उपस्थित है।

एक स्त्री के लिए रावण द्वारा अपने परिवार, अपने राज्य तथा अपने जीवन के त्याग की घटनाओं से थाईलैंड के लोग प्रभावित होते हैं। रावण द्वारा अपनी मृत्यु से पूर्व कहे गए शब्द उन्नीसवीं सदी की एक प्रसिद्ध प्रेम कविता को विषय-वस्तु प्रदान करते हैं।

वाल्मीकि के चरित्रों से भिन्न थाई चरित्रों से गलतियाँ होती हैं। चरित्र यहाँ अच्छाई और बुराई के मानवीय मिश्रण हैं। थाई रचना में रावण का पतन हमें विषाद में डाल देता है। यह घटना वाल्मीकि की रचना की तरह उन्मुक्त उल्लास का अवसर नहीं प्रदान करती है।

भिन्नता के क्रम

अब यह स्पष्ट है कि हमारे पास सिर्फ वाल्मीकि द्वारा संस्कृत में कही गई कथा ही नहीं है, बल्कि अन्य रामकथाओं की एक पूरी शृंखला है, जिन्हें अन्य व्यक्तियों द्वारा रचा गया है। इन कथाओं में मूलगामी भिन्नता है।

आइए, अब उन कुछ भिन्नताओं पर नजर डालें, जिन्हें अब तक प्रस्तुत नहीं किया गया है। उदाहरण के लिए संस्कृत तथा अन्य भारतीय भाषाओं में कथा का समापन दो भिन्न तरीकों से होता है। पहले तरह के समापन में राम और सीता अयोध्या लौटते हैं तथा आदर्श साम्राज्य के राजा और रानी के रूप में उन दोनों का राज्याभिषेक होता है। दूसरे तरह के समापन में (प्रायः माना जाता है कि यह अंश वाल्मीकि तथा कम्बन की रामायणों के परवर्ती संस्करणों में आया है) राम को पता चलता है कि रावण के कुंज में रहते हुए सीता कलंकित हुई हैं और वे राजा की प्रतिष्ठा की खातिर (मैं इसे विश्वसनीयता कहूँगा) सीता को वनगमन करने का दंड देते हैं, जहाँ वे जुड़वाँ बेटों को जन्म देती हैं। वे दोनों बच्चे वाल्मीकि के आश्रम में बड़े होते हैं, ऋषि से रामायण और युद्ध कलाओं की शिक्षा पाते हैं, राम की सेना के साथ युद्ध करते हैं, और विजयी होते हैं। एक मर्मस्पर्शी दृश्य में वे दोनों बेटे अपने पिता (राम) को रामायण गाकर सुनाते हैं। उससे पहले राम को पता तक नहीं होता है कि वे दोनों बच्चे कौन हैं।

उक्त दोनों समापन कृति को एक भिन्न छवि प्रदान करते हैं। जहाँ प्रथम समापन वनवास से लौटने का आनन्दोत्सव सृजित करता है और पुनर्मिलन, राज्याभिषेक और शान्ति के तत्त्वों को अपनी कथा में समावेशित करता है, वहीं दूसरे समापन में चरित्रों की प्रसन्नता सीमित होती है और वे पुनः एक-दूसरे से बिछड़ जाते हैं। अपने प्रियजनों से बिछड़ने का विप्रलम्भ तत्त्व सम्पूर्ण रचना का केंद्रीय भाव बन जाता है। इसे दुखान्त भी कहा जा सकता है क्योंकि अन्ततः सीता इसे सहन नहीं कर पातीं और पृथ्वी के गर्भ में समा जाती हैं। हमने पहले भी देखा था कि सीता का अर्थ हल से सम्बन्धित है। जनक ने हल चलाते समय ही उन्हें प्राप्त किया था। हल से निकलने और पुनः पृथ्वी-गर्भ में समा जाने की कथा एक मिथकीय जैविक चक्र की रचना करती है, जहाँ सीता बीज तथा मेघ वर्ण शरीर वाले राम वर्षा के समान हैं। यहाँ रावण दक्षिण में दूर स्थित प्लूटो-सदृश अपहरणकर्ता के रूप में चित्रित है तथा दक्षिण को मृत्यु का क्षेत्र बताया गया है। कथा में सीता अपनी पवित्रता तथा गौरव के साथ कुछ समय के लिए पृथ्वी पर आती हैं और पुनः लौट जाती हैं। हालाँकि इस तरह के मिथक को किसी स्थिर प्रतीक कथा के अंग के तौर पर नहीं देखा जाना चाहिए, लेकिन इतना जरूर है कि कथा के विभिन्न वर्णनों में इस मिथक की गूँज सुनाई पड़ती रहती है। यहाँ अनेक सन्दर्भों पर ध्यान देने की जरूरत है, जैसे उर्वरता तथा वर्षा के सन्दर्भ, शिव सदृश सन्त चरित्र से राम के प्रतिवाद (कम्बन द्वारा वर्णित अहल्या प्रसंग) का सन्दर्भ तथा पूर्वज द्वारा गंगा नदी को मैदान में उतारने तथा साम्राज्य के भू-भागों को सिंचित करने और मृतकों के भस्मों को पुनर्जीवन देने का सन्दर्भ है।

इन सन्दर्भों के बीच यौन अनुभवरहित एक संन्यासी ऋष्यरंग की कथा का उल्लेख भी प्रासंगिक है। वह संन्यासी एक स्त्री की सुन्दरता से सम्मोहित होता है और इस कारण लोमपद के साम्राज्य में वर्षा लाने का उपक्रम करता है। वह बाद में उस अनुष्ठान का

संचालक बनता है जिसके जरिए दशरथ की रानियाँ गर्भवती होती हैं। इस तरह की मिथकीय प्रचुरता हमें प्रकृति के विभिन्न उपादानों से बार-बार परिचित करवाती है। हम उन पक्षियों तथा पशुओं की प्रभावी उपस्थिति से रूबरू होते हैं जो सीता की खोज में प्रवृत्त राम के समर्पित मित्र हैं। वाल्मीकि की रामायण में पक्षी और वानर कथा की वास्तविक उपस्थिति तथा कलात्मक जरूरत है, वहीं जैन दृष्टि में वे कुरूप आरोपण, अतिरेक हैं। हम देखते हैं कि कथा की हर समाप्ति में भिन्न-भिन्न तरह के प्रभाव पैदा होते हैं तथा सम्पूर्ण वर्णन अपनी काव्यात्मक अवस्थिति को बदल दिया करता है।

एक विशिष्ट प्रकार की संरचना ऐसी ही कथाओं के प्रारम्भ के साथ है। वाल्मीकि अपनी कथा का प्रारम्भ एक विशिष्ट संरचना के साथ करते हैं। इसके अनुसार वे देखते हैं कि एक शिकारी अपना तीर सँभालता है और एक प्रेमी युगल पक्षी पर निशाना साधता है। नर पक्षी मर जाता है और जीवित बच गई मादा पक्षी अपने मृत प्रेमी से आबद्ध होकर करुण विलाप करने लगती है। यह दृश्य कवि व सन्त वाल्मीकि को इतना द्रवित करता है कि वे शिकारी को शाप दे देते हैं। वे एक क्षण बाद महसूस करते हैं कि उनका शाप पद एक पंक्ति का रूप ग्रहण कर रहा है। उनके शोक की लय एक छन्द रूप श्लोक को जन्म देती है। वाल्मीकि निश्चय करते हैं कि वे इस छन्द में राम के अनुभवों व पराक्रमों का महाकाव्य लिखेंगे। परवर्ती काव्यों में यह घटना एक दृष्टान्त के रूप में सामने आती है, जहाँ कलात्मक रूप भावों के माध्यम से निकलता है और जब उसका सामान्यीकरण होता है, तब वह उस भाव के रस को ग्रहण करता है। वाल्मीकि की रचना के आरम्भ की यह घटना उनकी कृति को एक सौन्दर्यात्मक आत्मचेतना प्रदान करती है।

आगे हम यह भी देखते हैं कि एक पक्षी की मृत्यु और अपने प्रिय से बिछड़ने की घटना रामकथा के वर्णन में बार-बार प्रतिध्वनि

होने वाली प्रतीक घटना बन जाती है। कथा के विभिन्न महत्त्वपूर्ण मोड़ों पर पशु का वध होता है। दशरथ हाथी समझकर घड़ा भर रहे एक युवा संन्यासी का तीर से वध करते हैं (घड़े में जल भरने की ध्वनि हाथी द्वारा पानी पीने की ध्वनि की प्रतीति कराती है)।

इस वध के कारण दशरथ को शाप मिलता है और वही शाप बाद में राम के वनवास और पिता व पुत्र के विछोह का कारण बनता है। जब राम चामत्कारिक स्वर्णमृग के वेश में आए राक्षस का पीछा करते हैं और उसका वध करते हैं, तब मरने के पहले वह मृगवेशी राक्षस राम की आवाज में लक्ष्मण को पुकारता है तथा लक्ष्मण के वहाँ चले आने पर सीता असुरक्षित हो जाती हैं तथा रावण के हाथों उनका अपहरण हो जाता है, यहाँ तक कि जब रावण सीता को हर कर जाता है तब उसे एक प्राचीन पक्षी के विरोध का सामना करना पड़ता है, जहाँ रावण उस पक्षी को मार डालता है। कथा के आरम्भ में पक्षी का वध और जीवित बचे पक्षी का विलाप कथा में बार-बार आने वाले अलगाव की पृष्ठभूमि रचता है। इस तरह रचना का आरम्भिक खंड सम्पूर्ण रचना की स्वसंगति की संरचना निर्धारित करता है तथा विषयों और बिम्बों का पूर्ण आभास देता है। कुछ अंशों को उद्धृत करके ही इसे बताना सम्भव है।

नदी

बादल श्वेत वर्ण धारण किये हुए थे
शिव की भांति श्वेत
वे आकाश को शोभायमान बना रहे थे
समुद्र से आते हुए श्याम हो उठते हैं
उस ईश्वर के मुख की भांति
जो गर्व के साथ
अपने दाईं ओर

सुगन्धित वक्षों वाली देवी को धारण करते हैं
हिमालय की प्रभात-वेला को
स्वर्ण-राशि समझकर
बादलों ने श्रृंखला बनाकर नीचे उतरना आरम्भ किया
चमक के साथ वर्षा वाले बादलों की श्रृंखला ने
एक दानवीर दाता की भांति मूसलाधार बारिश की
उनके पास जो कुछ था उन्होंने दे दिया
याद करकर और गणना करकर जो कुछ भी उनके पास था, उन्होंने दे दिया
इससे बाढ़ आ गई, पानी सीमा से ऊपर चला गया
महाद्वीपों को आप्लावित करता हुआ, जैसे सुख्याति किसी महान तथा ईमानदार राजा की
जो अचूक कानूनों द्वारा राज करता था
शांत शाही छतरियों के नीचे
रखैलें अपने प्रेमियों के बालों पर हाथ फेर रही हैं,
अपने प्रेमियों के शरीर तथा अंगों को सहला रही हैं,
वे ले जाती हैं संपूर्ण संपदा-राशि
फिर भी उनके खुले हाथ से धन लुटाने वाले हाथों में
अब भी कुछ धन बचा हुआ है,
और जैसे वे आगे बढ़े
पानी चोटियों से घाटी की ओर बहने लगा
ऊँचाई से तेजी से बहकर नीचे धीरे-धीरे पहुँचने लगा
बाढ़ अपने साथ पहले ही सब कुछ ले गई

यथा—व्यापारियों के कारवाँ को जो सोने तथा मोती से भरे हुए थे
मोरपंख और सफ़ेद हाथीदांत की पंक्तियाँ तथा सुगन्धित
लकड़ियाँ

नदी एक मोड़ लेने के लिए झुकी
उसकी सतह पंखुड़ियों से और
सुनहरे पीले परागकणों तथा शहद से रंगीन हो गयी
उसका मदमस्त गेरुआ प्रवाह
उसे बहुत कुछ इन्द्रधनुष जैसा दिखा रहा था,

पेड़ की गिरी हुई पत्तियों से पूरा क्षेत्र ढक गया
पहाड़ी ढलान का विनाश करते हुए, पेड़ों का उन्मूलन करते हुए
वानरों के समूह की भांति पानी आया
एक बेचैन समुद्र का सामना करने के लिए वे
एक पुल की ओर देखने लगे
स्थूल चेहरे वाले गर्वीले हाथी अपने साथ
झाग फेंकने वाले साहसी घोड़े लाए जो
वायु में युद्ध का शोर घोल रहे थे
पताकाएँ उठाए हुए
बाढ़ समुद्र से युद्ध करने के लिए आती है
सूर्य की पंक्ति में असंख्य राजाओं का प्रवाह,
नैतिक गुणों की निरंतरता में आता हुआ दिखाई पड़ता है।

नमकीन समुद्र से घिरी हुई भूमि पर
नदी डेल्टा में शाखाओं में उसी प्रकार विभक्त हो गयी

जिस प्रकार माँ का दूध सभी प्राणियों के लिए आवश्यक है

तीर की वर्षा से
पहाड़ी पर स्थित डाकुओं के एक शिविर को नष्ट कर दिया गया
एक पवित्र महिला अपने पेट की पीटने लगी
और भागने के लिए धनुष तथा तीर एकत्रित करने लगी

पानी ने राजा की सेना की भांति
गाँव पर आक्रमण कर दिया
वह दूध तथा मक्खन चुराने लगा
वह धीसे रस्सी पर रखे गए पात्रों से
गर्म घी और मक्खन वह एक लालची व्यक्ति की भांति खाने लगा
वह 'मरुतम' पेड़ को 'कुरुन्तम' पर झुकाने लगा
वह जल-क्रीडा में अज-पालकों की लड़कियों के
वस्त्र तथा आभूषण लेकर भाग जाता है
जल उसी प्रकार शरारत करता है
जैसे चिह्नोंवाले सांप के ऊपर कृष्ण नृत्य करते हैं

जंगल को ढलान में बदकर
मैदान को जंगल में बदलकर
समुद्री भूमि को उपजाऊ भूमि में बदलकर
सीमाओं में परिवर्तन करके
परिदृश्य में अदलाबदली करके

दुस्साहसी जल
अतीत पर गरजता है
और जीवन की अकड़ को शीघ्रता से समाप्त कर देता है

जल हिमालय के पत्थरों पर उत्पन्न होता है
समुद्र के साथ मिल जाता है
वह निरंतर विभिन्न जगहों पर फैलता है
एक बार में कई जगह
बिल्कुल वास्तविक जैसे
यहाँ तक कि असीम वेद भी उसे शब्दों में व्याख्यायित नहीं कर सकते
पराग टपकाने वालो पेड़ों
चम्पक के गुच्छ
कमल के तालाब
लताओं की बाड़ों से घिरे खेतों को
पुष्पित करता है जल नई बालू के साथ
जैसे कि एक जीवन भरता हो
और खाली करता हो
विविध प्रकार के शरीरों को
नदी बहती जाती है।

कम्बन के यहाँ ऐसे उद्धरण विशिष्ट बन जाते हैं। यह वाल्मीकि की कृति में कहीं नहीं मिलता। यहाँ समुद्र से बादलों द्वारा जुटाए गए जल वर्षा के रूप में नीचे उतरते हैं और राम के साम्राज्य की राजधानी अयोध्या के पास सरयू नदी में बाढ़ के रूप में बहते

हैं। कम्बन इसके माध्यम से अपने सभी विषयों, आशाओं तथा उनके महत्त्व को प्रस्तुत करते हैं, यहाँ तक कि अपने चरित्रों, उर्वरता के महत्त्व की वस्तु से उनके लगाव (वाल्मीकि के यहाँ प्रच्छन्न), राम के पूर्वजों के सम्पूर्ण वंश तथा अपनी भक्ति-दृष्टि को रामायण के माध्यम से वे प्रस्तुत करते हैं।

विषयवस्तु की विविधता पर ध्यान दीजिए जो उपमा, अलंकार और संकेत विधानों के माध्यम से प्रस्तुत की जाती है। जल का प्रत्येक आयाम रामायण कथा के ही किसी आयाम का संकेत देता है और रामायण के संस्कृत के एक अंश का (उदाहणार्थ वानर) प्रतिनिधित्व करता है। इसका आधार विशिष्ट तमिल परम्पराएँ हैं जो अन्यत्र नहीं पाई जातीं, जैसे वाल्मीकि काव्य के पाँच भूदृश्य। तमिल साहित्यिक परंपरा में जीवन और उर्वरता के स्रोत के रूप में जल पर विशेष जोर रहा है। 'कुरल' (सदाचारी जीवन के साध्यों तथा साधनों पर केन्द्रित एक उपदेश मूलक कृति जिसे तमिलों का तथा कथित बाइबल कहा जाता है) का आरंभ ईश्वर पर केन्द्रित एक उद्धरण से होता है और उसके शीघ्र बाद वर्षा के उत्सव पर केन्द्रित एक प्रसंग प्रस्तुत होता है।

विभिन्न रामायणों में भिन्नता का एक दूसरा पहलू किसी एक मुख्य चरित्र पर ध्यान की तीव्रता को लेकर है। वाल्मीकि शुरू के अध्याय में राम तथा उनके इतिहास पर अपने को केन्द्रित करते हैं, वहीं विमलसूरि की जैन रामायण तथा थाई महाकाव्य राम पर नहीं, बल्कि रावण की वंशावली तथा उनकी वीरता पर केन्द्रित होते हैं। कन्नड़ ग्रामवर्णन सीता, उनके जन्म, विवाह तथा उनके कष्टों और परीक्षाओं पर केन्द्रित है। 'अद्‌भुत रामायण' और 'शत कंठरावण' तमिल कथा जैसी कुछ बाद की कृतियाँ सीता को वीर चरित्र के रूप में पेश करती हैं। इन कृतियों में जब दस शीशधारी रावण मारा जाता है, तो एक दूसरा एक सौ सरों के साथ उपस्थित हो जाता है और

राम इस नए प्रकोप का सामना नहीं कर पाते। तब सीता सामने आती हैं तथा इस नए दैत्य का वध करती हैं। वाल्मीकि तथा कम्बन के मूल्यों पर पले-बढ़े हिन्दू को शोकग्रस्त व आतंकित करते हुए सन्थाल जनजाति के लोग जो अपनी विशाल मौखिक परम्पराओं के लिए जाने जाते हैं, सीता को एक ऐसे गैर वफादार के रूप में चित्रित करते हैं, जो रावण तथा लक्ष्मण दोनों से सम्मोहित होती है।

जैसा हमने पहले भी देखा था कि दक्षिण-पूर्वी एशियाई पाठों में वानर सदृश चेहरे वाले हनुमान कोई ब्रह्मचारी धर्मनिष्ठ नहीं हैं, बल्कि विभिन्न प्रेम-प्रसंगों में संलग्न रहने वाले स्रोत के रूप में उपस्थित हैं।

जहाँ कम्बन तथा तुलसी के यहाँ राम ईश्वर हैं, वहीं जैन पाठों में वे सिर्फ एक ऐसे पुरुष हैं जो अपने अन्तिम जन्म में हैं तथा इसी कारण वे रावण का वध नहीं करते। इन जैन पाठों में रावण उच्च गुण सम्पन्न एक ऐसा नायक है जो कर्म के विधान से ग्रस्त होकर सीता के लिए पतित होता है तथा खुद अपनी मृत्यु का कारण बनता है, वहीं अन्य पाठों में रावण पूर्णतः दैत्य है।

इस तरह हम देखते हैं कि हर बड़े चरित्र की धारणाओं में व्यापक अन्तर है। यहाँ तक कि इन विभिन्न धारणाओं में एक-दूसरे के प्रति वितृष्णा के भाव भी हैं। हम इस सन्दर्भ में अनेक अन्य भिन्नताओं को भी शामिल कर सकते हैं। सीता का निर्वासन, उनके दूसरे पुत्र का चामत्कारिक ढंग से उत्पन्न होना तथा राम और सीता का अन्तिम पुनर्मिलन, इन सब के कारणों का विवेचन विभिन्न पाठों, पाठ-संदर्भित समुदायों तथा भौगोलिक क्षेत्रों में अलग-अलग है। इनमें से प्रत्येक एकाधिक पाठ में, एकाधिक पाठ समुदाय (हिन्दू, जैन या बौद्ध) और एकाधिक भौगोलिक क्षेत्र में पाया जाता है।

राम, उनके भाइयों और उनकी पत्नी सीता तथा सीता का अपहरण करने वाले राम के शत्रु रावण के संदर्भों में वर्णित संरचनात्मक

सम्बन्धों के अपवाद को छोड़ दिया जाए, तो क्या कोई ऐसा आम सहमति का बिन्दु है, जहाँ रामकथाएँ एक-दूसरे से मिलती हैं? जैसा विंटगेंस्टाइन कहते हैं कि क्या कथाएँ आपस में सिर्फ कुछ पारिवारिक सादृश्य के कारण मिलती हैं? या क्या यह अरस्तू वर्णित 'जैक नाइफ' की तरह है? जब अरस्तू एक पुराने बढ़ई से पूछते हैं कि उसके पास चाकू कब से है, बढ़ई बताता है कि वह उसके पास पिछले तीस वर्षों से है। उसने कुछ बार सिर्फ ब्लेड और मूठ बदली है। किन्तु वह वही पुराना चाकू है। इसी तरह, परस्पर सम्बन्धी संरचनाओं की किसी छाया के कारण हम उक्त सभी राम कथा वर्णनों को रामायण का नाम दे देते हैं, लेकिन नजदीक से देखने पर पता चलता है कि जरूरी नहीं कि एक कथा दूसरी कथा से मिलती ही हो। जैसा कि होता है – एक ही नाम के अनेक जन होते हैं और वे शायद इसी कारण एक वर्ग बन जाते हैं।

अनुवाद पर विचार

इसे इस प्रकार कहना शायद अतिवादी प्रतीत हो। इसे भिन्न ढंग से कहने दीजिए, एक ऐसे तरीके से जो पाठों की भिन्नता तथा उनके आपसी सम्बन्धों को पर्याप्त रूप से अपने में समेट सके क्योंकि वे एक-दूसरे से सम्बन्धित हैं। कोई यह विचार कर सकता है कि यह सभी अनुवादों की एक शृंखला है, जो पाठों के समूह या परिवार से समूहबद्ध है। इनमें से अनेक वाल्मीकि की कथा से समूहबद्ध हैं, कुछ अन्य विमलसूरि की जैन कथा से सम्बद्ध हैं तथा इसी प्रकार कई अन्य कथा से। या पाठों के बीच इन अनुवाद सम्बन्धों पर पियर्सीय पदों में विचार किया जा सकता है। कम से कम तीन तरह से:

जहाँ प्रथम पाठ और द्वितीय पाठ में ज्यामितिक सादृश्य हो सकता है, जैसा एक त्रिभुज का दूसरे त्रिभुज के साथ होता है, चाहे कोण, आकार तथा रंग कुछ भी हो। हम ऐसे सम्बन्ध को प्रतीकात्मक कह सकते हैं। पश्चिम में हम सामान्यतः अपेक्षा करते हैं कि अनुवाद विश्वसनीय तथा प्रतीकात्मक हो। इसी कारण जब चैपमैन होमर का अनुवाद करते हैं तो वे पाठ की आधारभूत विशिष्टताओं यथा–चरित्र, बिम्ब तथा घटनाओं की क्रमबद्धता को बनाए रखते हैं। वे वास्तविक ग्रीक में मौजूद छह पंक्तियों के अक्षर विन्यास को बरकरार रखने का भी प्रयास करते हैं, केवल भाषा अंग्रेजी और मुहावराए एलिजाबेथयुगीन हो जाता है।

जब कम्बन वाल्मीकि की कथा का तमिल में पुनः वर्णन करते

हैं तो वे प्रकरणों की क्रमबद्धता को बनाए रखने में तथा पिता, पुत्र, भाई, पत्नी, मित्र तथा शत्रु के बीच के संरचनात्मक सम्बन्धों को बनाये रखने में प्रायः विश्वास रखते हैं। किन्तु यह प्रतीकात्मकता इन संरचनात्मक सम्बन्धों तक ही सीमित रखी जाती है। कम्बन की रचना वाल्मीकि की रचना से कहीं अधिक बड़ी है। उदाहरण के लिए वह बीस से अधिक तमिल छन्दों में रचित है, जबकि वाल्मीकि की कृति अधिकांशतः श्लोक के छन्द में है।

प्रायः अपने आधारभूत तत्त्वों के आधार पर यथा, कथानक एक पाठ दूसरे पाठ से प्रतीकात्मक सम्बन्ध रखता है और उनमें स्थानीय ब्योरों, लोक कथाओं, काव्य परम्पराओं और अतिरिक्त बिम्ब विधान आदि से युक्त। हम ऐसे उदाहरण कम्बन के वर्णन अथवा बांग्ला के कृत्तिवास में देख सकते हैं। बांग्ला रामायण में राम का विवाह बांग्ला विवाह है, जहाँ बांग्ला परम्परा, आचार व्यवहार तथा व्यंजन सब प्रस्तुत हैं। (सेन 1920) हम ऐसे पाठ को 'अनुक्रमणिका' कह सकते हैं। पाठ स्थानीय परिवेश व सन्दर्भ में गुँथा हुआ होता है, उससे रिश्ता बनाता है, यहाँ तक कि उसे ही प्रतीकित करता है।

यदि पाठ इस तरह स्थानीय परिवेश व सन्दर्भ से जुड़ा हुआ न हो तो उसका कोई विशेष अर्थ भी नहीं रह जाता। यहाँ केवल इतना ही कहा जा सकता है कि रामायण स्वयं में एकांतिक पाठों का समुच्चय भर नहीं है वरन वह उदाहरणों की विविधता की एक विशिष्ट रचना-पद्धति है।

जब-तब हम देखते हैं कि दूसरा पाठ पहले पाठ के कथानक, चरित्र तथा उसके नाम का उपयोग न्यूनतम स्तर पर करता है और उनका उपयोग सर्वथा नई चीज़ों को कहने में करता है। प्रायः ऐसी परवर्ती रचना पूर्ववर्ती कृति का प्रतिपाठ बन जाती है। हम इस तरह के अनुवाद को सांकेतिक भी कह सकते हैं। यहाँ अनुवाद शब्द एक विशेष प्रकार का गणितीय अर्थ ग्रहण कर लेता है। इस गणितीय

अर्थ में सम्बन्धों का मानचित्रीकरण एक दूसरे स्तर अथवा एक दूसरे तरह की सांकेतिक व्यवस्था पर होता है। जब ऐसा होता है, रामकथा विभिन्न क्षेत्रों में वहाँ के सम्पूर्ण सांस्कृतिक परिवेश की लगभग एक दूसरी सी भाषा बन जाती है। नामों, चरित्रों, घटनाओं और रूपांकनों के साथ-साथ आख्यानात्मक भाषा के सन्दर्भ में भी प्रायः एक पाठ कुछ और कहता है। तो दूसरा पाठ कुछ और; हो सकता है, एकदम विपरीत ही। भारत में वाल्मीकि का हिन्दू पाठ, विमलसूरि का जैन पाठ तथा दक्षिण-पूर्वी एशियाई थाई 'रामकीर्ति' एक-दूसरे के ऐसे ही सांकेतिक अनुवाद हैं।

हाँ, यह नहीं भूलना चाहिए कि कुछ सीमा तक सभी अनुवाद, यहाँ तक कि तथाकथित विश्वसनीय प्रतीकात्मक अनुवाद भी उर्युक्त तीनों तत्त्वों को समावेशित किए होते हैं। जब गोल्डमैन तथा उनके समूह के विद्वान वाल्मीकि की रामायण का आधुनिक अनुवाद प्रस्तुत करते हैं तो वे संस्कृत नाम, पदों की संख्या तथा प्रकरणों के क्रम विकास के अनुवाद में वस्तुनिष्ठ तो रहते हैं, किन्तु वे अनुक्रमणिकाकार भी रहते हैं। यह इस तरह का अनुवाद अंग्रेजी के मुहावरों में होता है तथा अनुवाद के साथ प्रस्तावनाएँ तथा व्याख्यात्मक पाद टिप्पणियाँ प्रस्तुत होती हैं जो स्वयं में बीसवीं शताब्दी के दृष्टिकोणों, भूलों तथा प्रतीकों को समेटे होते हैं। अनुवादक मूल पाठ को जिस आधुनिक भावबोध के साथ पढ़ता है उसे अनुवाद के साथ पाठकों के सामने उपस्थित करने से बच नहीं सकता। किन्तु तीन प्रकार के अनुवाद सम्बन्धों का यह अनुपात कम्बन और गोल्डमैन के सन्दर्भ में बड़े पैमाने पर बदल जाता है। और तब हम इन्हें भिन्न कारणों तथा भिन्न सौन्दर्यबोध प्राप्ति की अपेक्षाओं के साथ इन्हीं के अनुसार पढ़ते हैं।

जब हम इस आधुनिक अनुवाद को वाल्मीकि की मूलकृति के मर्म को समझने के लिए पढ़ते हैं तब हम यह पाते हैं कि यह अनुवाद इसी सीमा तक सफल है जिस सीमा तक वह मूल कृति से सादृश्य स्थापित करता है।

हमें कम्बन को पढ़ने के लिए कम्बन को पढ़ना पड़ेगा और उसका मूल्यांकन हम उनकी अपनी शर्तों पर ही कर सकते हैं न कि उसके समान (जैसा दिखने वाले) वाल्मीकि की कथा के आधार पर। किन्तु उस आधार पर जरूर, जहाँ वह वाल्मीकि से भिन्न है। एक तरफ हम समानता के लिए प्रसन्न हो सकते हैं, किन्तु अन्यत्र हमें विभिन्नताओं को सँजोना तथा सुरक्षित रखना चाहिए।

कोई आगे बढ़कर यह कह सकता है कि एक सांस्कृतिक क्षेत्र में जिसकी एक स्थानिक रामायण होती है वाचकों का एक पूरा समूह (आनुवांशिक समूह जैसा) विद्यमान होता है। वाचक जो रामकथा में कथानक, चरित्र, नाम, भूगोल, परम्परा, वाक्यांश, लोकोक्ति तथा व्यंग्योक्तियुक्त प्रसंग भी जोड़ते हैं। जब कोई लगातार बोलता जाता है, आप कहते हैं कि अब यह किस तरह की रामायण! बहुत हो गया!

तमिल में एक छोटे से कक्ष को किष्किन्धा कहा जाता है। मन्दबुद्धि व्यक्ति के सन्दर्भ में एक लोकोक्ति कहती है 'सारी रात रामायण सुनने के पश्चात वह पूछता है कि राम और सीता का सम्बन्ध कैसा था?' बंगाल की अंकगणित की पाठ्यपुस्तक में बच्चों से हनुमान द्वारा बनाई गई दीवाल के बायें भाग का कोण चित्रित करने को कहा जाता है जो उनके द्वारा शरारत करने से टूट गया है। इनमें शादियों के गीत, आख्यानात्मक कविताएँ, किंवदंतियों से जुड़े स्थान, मन्दिर के मिथक, चित्रकला, मूर्तिकला, और बहुत सी प्रदर्शनकारी कलाएँ!

ये विभिन्न पाठ केवल प्रत्यक्ष रूप से ही अपने पूर्ववर्ती पाठ से नहीं जुड़े हैं या मात्र खंडन करते तथा उधार लेने तक सीमित नहीं हैं वरन वे आपस में इस समान कूट या समान समूह के माध्यम से जुड़े हुए हैं। अगर एक रूपक के सहारे कहें तो प्रत्येक लेखक इसमें हाथ डालकर एक विलक्षण विरचना निकाल सकता है, एक नया पाठ जिसकी अपनी अनोखी बुनावट हो सकती है और नितान्त नूतन

सन्दर्भ भी। बड़ी कृतियाँ लघुकृतियों को पुनःरचित करती हैं। क्योंकि जैसा वलेरी कहते हैं 'सिंह भेड़ों से बनते हैं।' और भेड़ें भी सिंहों से बनाई जा सकती हैं : एक दन्तकथा कहती है कि युद्ध के पश्चात हनुमान ने पर्वत के शिखर पर स्वयं वास्तविक रामायण लिखी तथा उस पांडुलिपि को दूर-दूर तक फैला दिया। यह बहुत बड़ी है उन सभी से जो अभी हमारे पास हैं। कहा जाता है कि वाल्मीकि तो इसका एक अंशमात्र पकड़ पाए। इस अर्थ में कोई भी पाठ मूल नहीं है फिर भी कोई भी कथा मात्र पुनः कहीं गई कथा नहीं है तथा कथा का कोई अन्त नहीं है यद्यपि वह किसी पाठ के साथ संलग्न हो सकती है। भारत तथा दक्षिण-पूर्व एशिया में कोई भी व्यक्ति पहली बार रामायण तथा महाभारत नहीं पढ़ता। वहाँ कथाएँ 'सदैव पहले से ही' हैं। 'अथवा यहाँ कथाएँ हमेशा चलती रहती हैं और हमेशा तैयार होती रहती हैं।'

क्या होता है जब आप सुनते हैं!

यह लेख विभिन्न रामायणों के बारे में एक लोककथा से प्रारम्भ हुआ था। इसके पहले कि हम इस लेख के अन्त तक पहुँचें, हनुमान और राम की अँगूठी के बारे में एक दूसरी रामकथा का वर्णन करना उपयुक्त हो सकता है। लेकिन यह कथा रामायण की शक्ति व प्रभाव के बारे में है। यह कथा बताती है कि जब हम किसी प्रभावपूर्ण कथा को सुनते हैं, तो हमारे ऊपर प्रभाव किस तरह पड़ता है। कोई बेवकूफ भी इस कथा को सुनने से खुद को रोक नहीं सकता, वह कथा में लीन हो जाता है, घटनाओं में डूब जाता है। श्रोता एक तटस्थ दर्शक बनकर नहीं रह सकता, वह इस महाकाव्य के संसार में प्रवेश करने के लिए विवश हो उठता है और यहीं गल्प और वास्तविकता के बीच की रेखा मिट जाती है।

एक ग्रामीण व्यक्ति था, जिसके पास न तो संस्कृति की कोई समझदारी थी न ही वह उसमें रुचि रखता था। वह एक ऐसी स्त्री से ब्याहा गया, जो सुसंस्कृत थी। पत्नी ने पति को जीवन की उच्चतर चीज़ों के प्रति उन्मुख करने के अनेक प्रयास किए, पर पति उन चीज़ों के प्रति कोई रुचि ही नहीं दिखाता था।

एक दिन गाँव में रामायण का एक बड़ा वाचक आया। वह हर शाम रामायण के पदों को गाता था तथा उसकी व्याख्या करता था। सारा गाँव उस वाचक के पास पहुँचने लगा, जैसे कि वह एक दुर्लभ भोज हो। उस असंस्कृत मूढ की पत्नी ने अपने पति में इस प्रदर्शन

के प्रति रुचि जगाने की कोशिश की। वह पति के साथ लड़ती-झगड़ती गई और कोशिश करती रही कि वह रामायण वाचक के पास जाए और कथा सुने।

इस बार भी वह न-नुकर करता रहा, पर पत्नी को खुश करने के लिए अन्ततः वहाँ जाने के लिए तैयार हो गया। सायंकाल वह कथा-वाचन में गया और सबसे पीछे जाकर बैठ गया। वाचन पूरी रात चलने वाला था और वह किसी भी तरह पूरी रात भर जगा नहीं रह सकता था। वह सो गया। सुबह में जब वाचन खत्म होने को था और वाचक अन्तिम पदों को गा रहा था, परम्परा के अनुसार मिठाइयाँ बँट रही थीं। किसी ने उस सोते हुए व्यक्ति के मुँह में मिठाई का टुकड़ा डाल दिया। तत्क्षण उसकी नींद टूटी और वह घर पहुँचा। उसकी पत्नी प्रसन्न थी कि उसका पति रात भर रामकथा वाचन सुनता रहा। उसने पति से पूछा, 'रामायण का आनन्द कैसा रहा?' पति ने कहा, 'बहुत मीठा था।' पत्नी खुश हुई।

दूसरे दिन भी पत्नी ने उसे वहाँ भेजा। वह वहाँ पहुँचा और दीवार से सटकर बैठ गया। उसे थोड़ी ही देर में नींद आ गई। उस दिन वहाँ काफी भीड़ थी। एक छोटा लड़का आराम से उसके एक कन्धे पर बैठ गया और मुँह बाए आह्लादपूर्ण कथा को सुनने लगा। सुबह में कथा समाप्ति के बाद सब उठ खड़े हुए। वह छोटा लड़का जा चुका था। उस व्यक्ति को रात भर उठाए वजन के चलते अब कन्धों में दर्द का अहसास हुआ। जब वह घर पहुँचा तो पत्नी ने उत्सुकतापूर्वक पूछा कि आज कैसा रहा? उसने कहा, 'सुबह होते-होते कुछ भारी और भारी ही होती गई।' पत्नी ने कहा, कथा ही ऐसी है। वह खुश थी कि उसका पति भावों तथा महाकाव्य की महानता को अन्ततः महसूस करने लगा है।

तीसरे दिन वह व्यक्ति भीड़ के अन्तिम छोर पर जाकर बैठ गया और उसे इतनी नींद आई कि वह जमीन पर ही पसर गया और

खर्राटे लेने लगा। काफी सुबह एक कुत्ता वहाँ पहुँचा और उसने उसके मुँह में पेशाब कर दिया। नींद टूटने पर वह भक्त घर पहुँचा। पत्नी द्वारा उस दिन के अनुभव पूछने पर उसने अपना चेहरा बनाकर कहा, 'भयानक, बहुत नमकीन था।' पत्नी समझ गई कि कहीं कुछ गड़बड़ है। उसने पति से पूछा कि सही-सही बताओ क्या-क्या हुआ। पत्नी उसे छोड़ने के लिए तैयार ही नहीं थी। उसे अन्ततः बताना पड़ा कि वह हर रात वाचन के समय सोता रहा है।

चौथे दिन पत्नी उसे लेकर वहाँ पहुँची और सबसे आगे की पंक्ति में बैठ गई। उसने पति को साफ़-साफ़ बता दिया था कि चाहे जो हो उसे पूरी रात जागना ही पड़ेगा। हुआ ऐसा कि वह व्यक्ति शीघ्र ही कथा-प्रदर्शन में आए चरित्रों के पराक्रम में मग्न हो गया। उस दिन वाचक श्रोताओं को यह बताते हुए अभिभूत कर रहे थे कि कैसे हनुमान ने सीता के पास राम की अँगूठी को पहुँचाने के लिए समुद्र लाँघने का पराक्रम किया। कथा प्रदर्शन में जब हनुमान समुद्र के ऊपर से गुजर रहे थे, वह अँगूठी उनके हाथ से छूट गई और समुद्र में गिर गई। हनुमान समझ नहीं पा रहे थे कि क्या करें? उन्हें शीघ्र ही अंगूठी को प्राप्त करना था और उसे राक्षसों के साम्राज्य में जाकर सीता को सौंपना था। हनुमान अपने हाथों को भींच रहे थे। वह व्यक्ति जो अपनी पत्नी के साथ पहली पंक्ति में बैठा था, चिल्ला उठा "हनुमान, परेशान न हों। मैं आपके लिए उसे ढूँढ़ निकालूँगा।" वह कूद पड़ा और समुद्र में गोते लगाता चला गया। उसने अँगूठी खोज निकाली। वहाँ बैठे सारे लोग आश्चर्यचकित हो गए। उन्हें लगा कि यह कोई विशिष्ट व्यक्ति है जिसे राम तथा हनुमान का आशीर्वाद प्राप्त है। अब उस मूढ़ का उस गाँव में सम्मान बढ़ गया। उसे बुद्धिमान व्यक्ति समझा जाने लगा और उसकी प्रतिष्ठा के अनुकूल व्यवहार किया जाने लगा। ऐसा ही होता है, जब आप पूर्ण मनोयोग से रामायण सुनते हैं।

सहायक ग्रंथ-सूची

- अॅ क्रिटिकल इंवेट्री ऑव् रामायण स्टडीज़ इन द वर्ल्ड; सं. - के. कृष्णमूर्ति साहित्य अकादेमी, दिल्ली, 1993
- लाइफ़ एज़ थिएटर : फरफॉर्मिंग द रामायण इन अयोध्या, वीयर, वी.टी. वैनडर, 1993
- कुमुदिनीज़ रामायण : अॅ वूमेंस व्यू आव् द रघुकुल पॉलिटिक्स, पॉला रिचमेन, मानुषी, 2005
- द बेंगाली रामायणाज़, दिनेश चंद्र सेन, कलकत्ता यूनिवर्सिटी, कलकत्ता, 1920
- क्वेश्चनिंग रामायणाज़ : साउथ एशियन ट्रेडीशन/सीकिंग महादेवी : कंसट्रक्टिंग द आइडेंटिटी ऑव् द हिंदू ग्रेट गॉडेस, जे. ब्लैंक, अमेरिकन ऐंथ्रापॉलॉजिस्ट विले ऑनलाइन लाइब्रेरी, 2002
- रामायण एंड रामायणाज़, सं. मोनिका थिएल हार्ट्समैन, विएज़बैदेन : हेरेसावित्ज़, 1991 (खोज : वॉल्यूमः 3)
- लेडी सिंग्स द ब्लयूज़ : व्हेन वीमेन टेल द रामायण; नवनीता देव सेन, मानुषी, 108
- सीता इन हिमाचल प्रेदश; रिचा जस, मानुषी, 2002
- अर-रामायण; नवनीता देव सेन, मानुषी, 107, 1998

- नेचर एंड इन्वरांमेंट इन रामायण ऑव् भील्स ऑव् गुजरात, क्रिटिकल पर्सपेक्टिव ऑन रामायण, सरूप एंड संस, 2001
- क्रिटिकल पर्सपेक्टिव ऑन् रामायण, सं. डोडिया, जयदीप सिंह; सरूप एंड संस, 2001
- मेनी रामायणाज़ : द डाइवर्सिटी ऑव् ए नैरेटिव ट्रेडीशन इन साउथ एशिया - संपादक पॉला रिचमैन, यूनिवर्सिटी ऑफ कैलीफोर्निया प्रेस, बर्कले एण्ड लॉस एन्जेल्स, 1991
- इनसाइड द ड्रामा हाउस : रामा स्टोरी एण्ड शैडो पपेट्स इन साउथ इण्डिया-- स्टुअर्ट एच. ब्लैकवर्न 'यूनिवर्सिटी ऑव् कैलीफोर्निया प्रेस, बर्कले एण्ड लॉस एन्जेल्स, 1996
- रामायणा ट्रेडीशन्स इन इस्टर्न इण्डिया : असम, बंगाल, उड़ीसा - डब्ल्यू. एल. स्मिथ, मुंशीराम मनोहरलाल पब्लिशर्स प्राइवेट लिमिटेड, दिल्ली, 1994
- क्वेश्चनिंग रामायणाज़ : ए साउथ एशियन ट्रेडीशन, पॉला रिचमैन, आक्सफ़ोर्ड यूनिवर्सिटी प्रेस, 2003
- द रामायणा - आर. के. नारायण, विजन बुक्स, 2006
- वेंजिआंस ऑव् रावण : बुक सेवन ऑव् द रामायणा - अशोक के. बैन्कर, पेंगुइन, 2011
- अथॉरिटी एण्ड मीनिंग इन इन्डियन रीलिजन्स : हिन्दुइज्म एण्ड द केस ऑव् वाल्मीकि – जूलिया लेस्ली, ऐशगेट पब्लिशिंग लिमिटेड, 1988
- रामायणा स्टोरीज़ इन मार्डन साउथ इण्डिया : एन एन्थोलॉजी - पॉला रिचमैन, इण्डियाना यूनिवर्सिटी प्रेस, 2008
- रामाज़ बैनिशमेन्ट : ए सेंटेनरी ट्रिब्यूट टू द फिजी इंडियन्स, 1879-1979, संपादक विजय मिश्रा, ऑकलैण्ड हैनीमैन एजूकेशनल बुक्स, 1979

- गॉड्स ऑन अर्थ : द मनेजमेंट ऑफ रिलीजियस एक्सपीरियेंस एंड आइडेंटिटी इन ए नार्थ इंडियन पिलग्रिमेज सेंटर-पीटर वान डर वीर, आक्सफ़ोर्ड यूनिवर्सिटी प्रेस, 1989
- वैष्णविज़्म, शैविज़्म एण्ड माइनर रिलीजस सिस्टम, आर. जी. भंडारकर, मुंशीराम मनोहरलाल, नई दिल्ली, 2001
- रिलीजियस मूवमेंट्स इन साउथ एशिया 600-1800, संपादक - डेविड लोरेंजन, आक्सफ़ोर्ड यूनिवर्सिटी प्रेस, 2004
- द रेसलर्स बॉडी : आइडेंटिटी एण्ड आइडियॉलॉजी इन नार्थ इण्डिया – जोसेफ एस. आल्टर, यूनिवर्सिटी ऑव् कैलीफोर्निया प्रेस, बर्कले, 1992
- लाइफ ऑव् ए टेक्स्ट : परफार्मिंग दि रामचरितमानस ऑव् तुलसीदास - फिलिप लुट्जेनडार्फ, यूनिवर्सिटी ऑफ कैलीफोर्निया प्रेस, बर्कले एंड एंजेल्स लॉस, 1991
- हनुमान इन दि रामायण ऑव् वाल्मीकि एण्ड दि रामचरितमानस ऑव् तुलसीदास, कैथरीन लुडविक, मोतीलाल बनारसीदास, 1994
- हनुमान के देवत्व और मूर्ति का विकास - गोविंद्र चंद्र राम, हिन्दी साहित्य सम्मेलन, प्रयाग, 1976
- हनुमान : गॉड एण्ड एपिक हीरो - जोगिंदर नरूला, मनोहर पब्लिर्शस, दिल्ली, 2005
- रामायणा एण्ड पॉलिटकल इमेजिनेशन इन इण्डिया - शेल्डन पोलॉक, द जरनल ऑव् एशियन स्टडीज, वाल्यूम 52ए नम्बर-2, मई 1993
- इनैक्टमेन्ट्स ऑव् रामाज़ स्टोरी एण्ड द चेंजिंग नेचर ऑव् 'द पब्लिक' इन ब्रिटिश इण्डिया– यान्डिया बी. फ्रीटैग, द जरनल ऑव् साउथ एशियन स्टडीज, वाल्यूम 14, इश्यू 1, 1991
- द रामायणा इन इण्डोनेशिया - जे. कैट्स, बुलेटिन ऑव् द स्कूल

ऑव् ओरियेन्टल एण्ड अफ्रीकन स्टडीज़, टेबल ऑव् कन्टेन्ट्स-1927, वाल्यूम-4, इश्यू-03

- यस टू सीता, नो टू राम : द कान्टीन्युइंग पॉपुलरिटी ऑव् सीता इन इन्डिया - मधु किश्वर, मानुषी, 98, जनवरी-फरवरी 1997
- रामा सह लक्ष्मण साइकोलॉजिकल एण्ड लिटरेरी आस्पेक्ट्स ऑव् द कम्पोजिट हीरो ऑव् वाल्मीकिज़ रामायणा - राबर्ट पी. गोल्डमान, संकलित, जरनल ऑव् इंडियन फिलॉसफी 8, 1980
- ए रिइवैलुएशन ऑव वाल्मीकीज़ राम' – सुकुमारी भट्टाचार्जी, सोशल सांइटिस्ट, खंड–30 अंक 1/2 जनवरी-फरवरी, 2002
- टेमिंग दि एसेटिक : डिवोशनलिज्म इन ए हिन्दू मोनेस्टिक आर्डर – पीटर वान डर वीर, मेन न्यू सीरीज खंड-22, अंक-4, दिसम्बर 1987
- हनुमान : दि पावर - डिस्पेंसिंग मंकी इन नार्थ इंडियन फ़ोक रिलीजन, लेनार्ड टी. वाल्काट, दि जरनल ऑव् एशियन स्टडीज़, खंड-37, अंक-4, अगस्त, 1968
- रामकथा : कामिल बुल्के : लोकभारती प्रकाशन, इलाहाबाद, 1953
- लोकगीतों की सामाजिक व्याख्या : श्रीकृष्ण दास, साहित्य भवन, इलाहाबाद, 1956